O Pessimismo Nacional
"à la mode brésilienne"

por
Luis Alexandre Ribeiro Branco

Dedicatória

Dedico esta obra aos milhões brasileiro, no Brasil e na diáspora, um povo que ao longo de seus quinhentos anos de história só conheceu a pobreza, a fome, a seca, a morte à mingua, a falta de casa, a falta de saneamento básico, a falta de saúde, a falta de educação, um povo sofrido que não conheceu o que é viver com segurança, qualidade de vida e dignidade, enquanto nossos governantes despojam os cofres públicos levando o país a uma miséria ainda mais profunda.

Prefácio

Falar, explicitar, apresentar Luis Alexandre Ribeiro Branco, como se intitula este grande amigo e mestre é fácil e ao mesmo tempo complexo.

Talvez deva lembrar aos leitores que este brasilês de ascendência lusitana – Sim Luís é Brasilês e vive atualmente em Lisboa com toda sua família. Esta também brasilesa.

O Esposo? É fácil. Somente uma companheira quase cúmplice faz que seu amado transpire com tanta sabedoria, facilidade, docilidade e generosidade palavras que nos tocam... Fazemnos pensar...

O pai? Bem este mostra exemplos na própria obra através de seus próprios exemplos.

O escritor? Mais fácil ainda. Lembra seu homônimo o argentino Luís Carlos Borges quando afirma: "(...) não existem maus escritores. Existem maus leitores (...)!".

Eis o escritor Luis Alexandre Ribeiro Branco quando escreve. Quando transpira e "espraiam" por todo nosso amado Brasil suas sabedorias e com isso nos faz pensar ainda mais.

O Professor? Ah, sua tenacidade professoral estão nas palavras escritas e proferidas. Quisera ser seu aluno em tempo integral. Diminuiria minha ignorância. Ficaria mais iluminado.

O Poeta? Ah, a alma que poetiza torna tudo o que é especial e no especial deve deixar.

O pastor e teólogo? Muito mais um profundo estudioso e pesquisador de nossas "re-ligações" com o infinito, com a criação, nos deixando mais próximos da iluminação... Nossa verdadeira origem.

O filósofo? Eis algo mais fácil, ao menos para mim, identificar. Seus pensamentos nos criam contextos incríveis e nos levam a lugares nunca dantes habitados, conhecidos, verificados, pesquisados... Faz nossa imaginação "viajar" e em viajando conhecer... E conhecendo nos tornando melhores em nosso próprio ser... E sendo reconhecer nosso Eu... Nossa Origem... Nosso presente mais presente do que nunca.

O Apologéta? Ah, sua apologias faz com que consigamos mediar, conciliar, aliviar tensões de nossas mentes, de nosso dia a dia e entender a intelectualidade como um todo.

O Ser alegre de bem com a vida? Este esta presente em cada crônica, em cada escrito, em cada obra já lançada.

Eis o brasilês que mostra neste ensaio seu coração e suas preocupações com seu amado Brasil muito mais do que muitos brasileses que moram em nosso próprio país.

Eis um patriota de alma e coração elevado preocupado com cada questão do dia a dia.

Luís adentra na educação com tanta profundidade que lembra nosso #SOSEducacao – Tag na rede social Twitter criada por mim juntamente com o grande jornalista e Professor do Estado de Santa Catarina, no Sul do Brasil, Nelson Valente. Tag esta que se transformou e m u m a s é r i e n o s í t i o www.cadernodeeducacao.com.br

Que se transformou em programa no #RadarNews da rádio Beto Mous em http://www.betomous.com/p/radio-mous.html

Que se tornou referência em meu humílime blog – www.epensarnaodoi.blogspot.com.br

Assim Luís adentra em todos nossos problemas atuais. No funcionamento de nossas instituições e, principalmente, no "não funcionamento".

Analisa nosso sistema político e a atuação de nossos ditos "políticos" com tanta maestria como se estivesse todos os dias no Congresso Brasileiro.

Analisa o comportamento, o qual se refere como Beauvoir em várias partes de seus ensaios de cada brasilês. Às vezes sua passividade confundida com pacientes em demasia

Provoca pensamentos, na maioria "irritante" para aqueles com falsos valores patrióticos e levam a buscar o que foi perdido.

Contextualizo suas passagens por Minas Gerais, suas lembranças tão bem colocadas e tornando seu amor por nosso país algo tão nobre que merece um afago em sua alma.

Assim sua obra - O Pessimismo Nacional "à la mode brésilienne" – se torna uma espécie de manual de consulta de nossas derivações de valores não utilizados ou atualizados e que precisamos rememorar... E, claro, colocar em prática quase como uma espécie de salvação de nossa própria consciência.

Mas algo que me chama atenção, profundamente, foi sua comparação com o descobrimento de nosso país por Portugal – tudo o que a história registrou – e o que estamos fazendo agora. Ou melhor: O que não estamos fazendo.

Assim encaminhá-los para esta apaixonante leitura, não é somente um privilégio e honra, imerecida, mas prazerosa e dignificante que me torna um pouco mais brasilês ainda do qual sou apaixonado, cívico, defensor de alma e coração e torna-me com isso um "guerreiro", que o seja através das palavras como este mestre, para deixar uma espécie de legado, um pouco melhor para nossos filho.

Seus pensamentos irão ferver na leitura... Mas certamente lhe ajudarão a tomar consciência definitiva do que é, do que somos e do que poderemos ser, como povo, como país, como nação, como uma grande família.

Eis a obra divina de Luís A R Branco com todos os privilégios que você leitor merece.

José Carlos Bortoloti
Jornalista, Prof de Comunicação,
Especialista em Marketing e Planejamento Estratégico
E, sobretudo, Brasilês de alma e coração.
RS – Brasil –
Contrastando com a primavera europeia...
No Outono do Brasil.
Maio- 2014

Apresentação

Este livro é inspirado na pequena obra de Manuel Laranjeira, O Pessimismo Nacional: Ou de Como Os Portugueses Procuram Soluções (Lisboa: Padrões Culturais, 2008). Quando li a obra de Manuel Laranjeira pela primeira vez há alguns anos fiquei logo impressionado com algumas das semelhanças sofridas pelo povo português no início do Séc. XX e que tanto se parece com aquilo que vivemos hoje no Brasil do Séc. XXI. Na verdade, do livro de Laranjeira extraí alguns versos e muito da ideia do jovem médico- psiquiatra, poeta, dramaturgo, ensaísta, crítico e articulista.

Absorvi um pouco do pessimismo de Laranjeira para que service-me de inspiração para escrever o presente livro no intuito de despertar o cidadão brasileiro para uma maior consciência cívica, indignação quanto aos desmandos da classe dirigente e desejo de mudança para um país melhor para nós e nossos filhos.

Luis Alexandre Ribeiro Branco
Primavera, 2014
Lisboa

Introdução

Acredito que o leitor possa ter alguma curiosidade em saber por que um cidadão brasileiro que vive há vinte anos fora do país se atreve a escrever um livro como este onde apresenta uma série de falhas sobre o Brasil. Na verdade, vivo no exterior devido ao meu trabalho, o que já me levou a viver em países bem pobres como a Índia e em países bem ricos como a Noruega. Em primeiro lugar desejo que saiba que em hipótese alguma me sinto menos brasileiro que há vinte anos atrás, pelo contrário, o fato de viver na diáspora torna nosso sentimento cívico mais apurado do que se estivéssemos a viver no Brasil.

Escrevo este livro por ser brasileiro, filho de brasileiros, neto e bisneto de brasileiros, sou casado com uma brasileira e pai de duas outras brasileiras.

Escrevo este livro por ter crescido no Brasil, por meus amigos e parentes serem brasileiros. Conheço o que é esperar na fila de um hospital público, conheço a realidade de ser aluno da rede pública de ensino. Escrevo como um brasileiro que começou a trabalhar aos quatorze anos de idade como auxiliar de serviços gerais, e depois de um mês inteiro de trabalho descobrir que meu salário não dava para nada.

Escrevo como um cidadão brasileiro, igual a todos os demais, que foi empapado com a cultura brasileira, que torceu em muitas Copas do Mundo de Futebol e como um brasileiro que assistiu nosso Ayrton Senna da Silva dar a última volta na pista empunhando a bandeira brasileira após vencer mais uma corrida.

O brasileiro é carne e osso onde quer que esteja e carrega no coração o sonho de um Brasil melhor. Escrevo como um brasileiro que chorou muitas vezes ao ouvir o hino nacional e como alguém que tem o peito inflamado ao ver a bandeira brasileira onde que que seja.

Escrevo pelo meu povo, sei que nem por todos, mas principalmente por aqueles que são simples e que não possuem meios de serem ouvidos. Escrevo como um brasileiro que dedicou alguns anos da sua juventude em trabalho voluntário pelas ruas de Belo Horizonte, MG, resgatando crianças das ruas, das drogas e da prostituição.

Escrevo como brasileiro que andou pelas vielas de algumas favelas do Rio de Janeiro e Belo Horizonte.

Escrevo porque porque penso, e o que penso escrevi e lhe entrego neste formato.

Luis Alexandre Ribeiro Branco

Uma sociedade multipartida

Não sei se sou o único insatisfeito com o modo como as coisas caminham no Brasil, mas acredito que não, na verdade, até penso que uma grande parte da população brasileira anda insatisfeita com alguma coisa. Digo isto pelas conversas que tenho, pelos textos e notícias que leio, e a "abortada primavera brasileira" que levou milhares de pessoas às ruas do Brasil há não muito tempo mostra esta realidade. Lembro-me que no auge das manifestações no Brasil, quando vimos a Avenida Presidente Vargas no Rio de Janeiro ocupada por centenas de milhares de pessoas, ter ouvido uma pessoa dizer: "Olha, será que é agora que muda? Estou até arrepiada!" O arrepio passou e a tão sonhada e falada mudança brasileira foi abortada na base da porrada e dos gases de lacrimogéneo e pimenta das polícias brasileiras e das articulações governistas. E voltamos exatamente onde estávamos, o governo desceu na passagem, mas subiu na gasolina e outros produtos e ficou "elas por elas."

O tema deste ensaio tem sua primeira parte "O Pessimismo Nacional", que é tomado emprestado do livro do intelectual português do início do Séc. XX, Manuel Laranjeira. Já a segunda parte do tema é uma forma francesa popular de dizer: "ao estilo brasileiro:" Portanto, desejo nestas poucas linhas usar alguns pensamentos de Manuel Laranjeira para repensar o que se passa no Brasil.

A obra de Manuel Laranjeira não apenas faz um diagnóstico da problemática nacional, como também propõe uma forma terapêutica para sanar o problema. Não possuo a desenvoltura intelectual deste grande escritor português, portanto, não posso com a mesma firmeza fazer propostas semelhantes, mas como cidadão educado, fui capaz de ler centenas dos cartazes com as reivindicações do povo, como também de assistir algumas entrevistas onde as pessoas falavam das suas insatisfações com o Governo Brasileiro durante as recentes manifestações, e também como cidadão, tenho minhas próprias queixas e expectativas, portanto, não ocupando o espaço do grande intelectual português, mas fazendo uso de sua inspiração espero refletir um pouco sobre o pessimismo nacional à la mode brésilienne.

Manuel Laranjeira fala da sociedade tripartida: o povo, a minoria intelectual e a classe dirigente. Acredito que a sociedade brasileira também se vê fragmentada, não apenas tripartida, mas multipartida em diferentes fragmentos, entre os quais vale destacar o povo, os intelectuais, a classe dirigente, os religiosos e os behavioristas[1]. O povo é apático, de mente curta e desiste fácil. Os intelectuais parecem cansados, outros comprados e outros silenciados. Os dirigentes nada mais querem do que sugar os recursos do estado e se perpetuarem no poder. Os religiosos nada mais veem para além da fé ulterior. E os behavioristas, uma minoria barulhenta, buscar implantar um estado com base num behaviorismo imoral para a maioria da população brasileira. Diante desta realidade, só nos resta o pessimismo.

---

[1]   Behaviorismo (Behaviorismu behavior (EUA): comportamento, conduta), também designado de comportamentalismo, ou às vezes comportamentismo, é o conjunto das teorias psicológicas que postulam o comportamento como o mais adequado objeto de estudo da Psicologia. O comportamento geralmente é definido por meio das unidades analíticas respostas e estímulos investigadas pelos métodos utilizados pela ciência natural chamada Análise do Comportamento. Historicamente, a observação e descrição do comportamento fez oposição ao uso do método de introspecção.

Fonte: https://pt.wikipedia.org/wiki/Behaviorismo

Somos um país com um sistema de educação pobre, que não educa, não ensina e não mantém as crianças interessadas no aprendizado. Forçadas pela vida pobre abandonam os estudos sem que ninguém se dê conta disto, e muitas vão fazer suas vidas no tráfico de drogas, assaltos ou simplesmente mendigarem pelas ruas das nossas cidades. Estima-se que exista 23.973 crianças vivendo nas ruas do país.[2] Será preciso esperar por uma nova chacina como a que aconteceu na Candelária em 1993, no Rio de Janeiro, para que voltemos a pensar nestas crianças? A mente curta e a apatia do nosso povo parece esperar por isto, para lamentar, fazer o teatro dramático típico do brasileiro para simplesmente voltar ao esquecimento.

Somos um país sem espírito cívico coletivo, a não ser na Copa do Mundo de Futebol. Fora isto

---

[2] Bruno Paes Manso (24 February 2011). "Grandes cidades têm 23.973 crianças de rua; 63% vão parar lá por brigas em casa". Estadao.com.br/Sao Paulo (in Portuguese). Grupo Estado. Retrieved 30 November 2012.

somos um povo tribalizado, que só pensa nos seu próprio interesse e vantagem, que para conseguir o que quer, é capaz de barbaridades. O grande mal do brasileiro é achar que ele tem uma excelente natureza interior, chegando ao sacrilégio de dizer que Deus é brasileiro.

Manuel Laranjeira diz que: "A vida dum povo, como a vida de qualquer ser organizado, apresenta na sua curva representativa uma parte ascensional, de evolução, de progresso, e uma parte descensional, de dissolução, de decadência."[3] No entanto, parece que no Brasil vivenciamos uma espécie de tobogã social, de altos e baixos, de curvas sem fim, um país onde temos estádios de futebol de primeiro mundo, e escola e hospitais em condições inimagináveis. Somos o país que melhor paga os seus políticos e deles recebe o pior serviço, mas como o povo tem mente curta, os reelege fazendo que na

---

[3] Manuel Laranjeira, O Pessimismo Nacional: Ou de Como Os Portugueses Procuram Soluções (Lisboa: Padrões Culturais, 2008), 57-58.

direção do país exista um troca-troca infindável de cargos políticos com os personagens de sempre.

A religião que deveria ocupar-se de influenciar positivamente a nação, tornou-se uma maquina de fazer dinheiro e seus líderes tanto protestantes quanto católicos em personalidades de destaque. Quem poderia imaginar pastores na capa da Forbes? Quem poderia imaginar um padre cantor disputando protagonismo com Maria, mãe de Jesus na missa? E como se não bastasse terem ocupado a telinta para extorquir dinheiro do povo, descobriram o caminho de Brasília. Desculpem-me o palavreado vulgar, mas não encontrei substituto melhor: "Quando a religião e a política se juntam vira uma putaria de todo tamanho."

Infelizmente nossos intelectuais se cansaram de falar para um povo de mente curta e apático, outros se venderam para imprensa e só falam o que lhes é permitido, e outros foram silenciados. Não há no país vozes da razão e do conhecimento alertando o povo dos perigos que se aproximam. Vejamos o que escreveu o filósofo brasileiro Émilien Vilas Boas Reis:

> No Brasil não vem sendo diferente, muito pelo contrário. Enfatizado pela nossa falta de tradição no campo das ideias, o que vem ocorrendo é que o intelectual com algum renome aceita cargos burocráticos nos governos vigentes, o que lhe faz calar ante as calamidades ocorridas. Criam-se situações absurdas, pois o intelectual, preso a ideologias e governos, não tem coragem de explicitar os erros cometidos, calando com certa conveniência.
>
> Há intelectuais que, apesar de estarem presentes em veículos de comunicações de massa, acabam adequando seu discurso em prol daquilo que aparece como mais palatável para a opinião pública. Outros intelectuais, por sua vez, com necessidades de "mudar o mundo" se entregam ao pragmatismo vigente, atuando no campo prático.
>
> A própria academia contribui para que o intelectual se esqueça do campo das ideias, ao dar uma importância ímpar a publicações que, em sua maioria, não passam de remendos de textos já publicados (já

dizia um antigo sábio professor que excelentes textos
dependem de tempo e reflexão!).[4]

No Brasil o behaviorismo é encabeçado por
organizações homoafetivas e por políticos
ligados e eleitos por estas organizações. O
behaviorismo sobre o qual escrevo neste texto é
a designação de comportamentalismo que
postulam um comportamento como o mais
adequado para a sociedade, ainda que
contrariando a maioria. Os behavioristas são
experts em fazerem-se de vitimas, comparam-se
com outros grupos que de fato sofrem alguma
discriminação, para sensibilizar o povo, apático
e de mente curta, para conseguirem seus
objetivos. E se não acordarmos a tempo, em
breve o Brasil será um "offshore gayzista[5]"

---

[4] Émilien Vilas Boas Reis, "Colunas émilien Vilas Boas Reis,"
Dom Total, August 26, 2013, accessed May 7, 2014, http://
www.domtotal.com.br/colunas/detalhes.php?artId=3789.

[5] neologismo empregado por certos setores conservadores na
Internet para descrever uma suposta ideologia totalitária
provinda do movimento gay, que tacharia como
preconceituosa qualquer manifestação contrária à
homossexualidade.

onde o diferente é ser normal e deverá ser punido por isto.

Tenho que terminar este capítulo mais ainda tenho pessimismo entalados na garganta, mas não posso concluir sem falar do meu desafeto e o de milhões de brasileiro com o atual governo que há doze anos no poder, trouxe-nos grandes desilusões, frustrações, e mostrou-nos a condição de um país que vai se degradando através da corrupção generalizada. Há dezenas de partidos políticos no país, mas nenhum confiável. E o Partido dos Trabalhadores, com sua cúpula, acusada, julgada e presa por vários crimes contra a sociedade é uma vergonha inesquecível, bem, inesquecível para os historiadores, já o povo, apático e de mente curta, é bem provável que já tenha esquecido.

Uma classe dirigente desacreditada

Terminei a primeira parte deste ensaio dizendo que no Brasil há dezenas de partidos políticos, mas nenhum confiável. Precisamente são trinta e um partidos oferecidos à la carte para os 140.646.446 de eleitores brasileiros. Os Estados Unidos da América, atrasados como são, só possuem três partidos e um eleitorado de 216.000.000. Os pobres americanos com suas escassas opções perdem de longe para o Brasil em oferta de candidatos. E ainda temos a vantagem de saber o resultado das eleições primeiro que nossos colegas americanos, graças as nossas tão faladas urnas electrónicas. Nas últimas eleições presidenciais os americanos, coitados, só tinham dois candidatos. Já no Brasil, nas últimas eleições contávamos com nove candidatos a presidência da república. Somos um país extravagante no que diz respeito a política. O TSE, por exemplo, gastou a bagatela de aproximadamente R$480 milhões de reais nas eleições de 2010.

O que há na política brasileira para atrair tanta gente? Apenas para vereador, segundo dados do Tribunal Superior Eleitoral, nas últimas eleições municipais realizadas no ano de 2012, foram registrados em todo o Brasil o total de 449.800 candidatos ao cargo para 57.416 vagas nas câmaras municipais. E poderíamos ir de cargo em cargo e teríamos uma ideia da magnitude do sentimento de dever cívico do brasileiro no que diz respeito a política. Será isto uma virtude? Não sei, soa-me mais como oportunismo, visto os altos salários, regalias, e possibilidades de sempre levar um dinheiro por fora como político brasileiro, até nas coisas mais ridículas, como o famoso mensalinho criado pelo ex-Presidente da Câmara dos Deputados, Severino Cacalcanti, denunciado por Sebastião Buani, dono de um restaurante da Câmara, que acusou Severino de cobrar-lhe a mensalidade de 10 mil reais sob a ameaça de fechar o restaurante dele. Esta é a qualidade dos nossos políticos. E para voltar a citar o mestre Manuel Laranjeira, resolvi tomar emprestado mais uma de suas frases e parafraseá-la para a realidade brasileira: "O nosso pessimismo quer dizer apenas isto: que no Brasil existe um povo, que é espoliado por uma minoria parasitária e dirigente, uma maioria que sofre porque a não educam e uma minoria que sofre porque a maioria não é educada."

6

Nosso povo adquiriu o direito ao voto sem saber exatamente o que isto significa, e manipulado por esta classe dirigente corrupta, se encontra refém da sua própria ignorância. Embora com o poder de mudar o país esteja nas mãos do povo, este continua estagnado na ignorância, e como diz Laranjeira: "...na mesma sofredora passividade."[7]

6 Ibid., 86.

7 Ibid., 86.

A verdade é que no Brasil não existe política, não no sentido clássico de ser. Política é uma arte, uma arte voluntária de pessoas capazes de organizar a cidade, estado ou país e os seus cidadãos. A política como arte é uma definição antiga, e vem sendo defendida como arte desde os gregos até os académicos modernos. No Brasil a política deixou de ser arte e passou a ser Ciência Jurídica. Já contaram quantas CPIs e casos criminais com políticos existem em nosso país nos tribunais? É incrível! O político por definição deveria ser um artesão, mas sua condição de réu em CPIs, polícias e tribunais o transformou em ladrão e criminoso. No Brasil, política deixou de ser arte e passou a ser crime organizado com a garantia do estado para a extração de recursos púbicos para fins pessoais.

É triste mas não existe política Brasil. A palavra "politikós" - "dos cidadãos, pertencente aos cidadãos," não é um sentimento nacional. Política como arte e político como do povo e para o povo, é uma reforma que vai muito além da reforma política proposta por ai. É preciso tirar todos que lá estão com uma concepção errada de política e entregá-los a justiça e a polícia e começar tudo novamente, com gente nova, de mente progressista e rescrever a história de um povo que até agora só conheceu a escravidão.[8]

---

[8] Luis Alexandre Ribeiro Branco, Brasil: Manifesto Silencioso (Portuguese Edition) (Lisbon: Verdade na Prática, 2014), 45-46.

Uma classe dirigente sem ética

Os problemas que envolvem a classe dirigente no Brasil são grandes demais para serem esgotados numas poucas linhas e páginas, se o evangelista João fosse escrever um versículo sobre a classe política brasileira certamente seria: "Há, porém, ainda muitas outras coisas terríveis que fizeram os políticos brasileiros; e se cada uma das quais fosse escrita, cuido que nem ainda o mundo todo poderia conter os livros que se escrevessem." (parafraseando e adaptando São João 21:25). A verdade é que entre os políticos brasileiros temos de tudo, menos santos.

Na classe dirigente brasileira o que há demais é coesão político-partidária, mas como diz Manuel Laranjeira: "Não há coesão cívica."[9] Na

---

[9] Ibid., 69.

verdade, o que de boa vontade chamamos de coesão político-partidária é na verdade um conluio político-partidário que simplesmente torna o país ingovernável. Laranjeira diz ainda: "A vida duma nação não é uma ficção política, não é uma mentira convencional..."[10] No entanto parece-me que o povo já há muito tempo, desde quando a classe dirigente resolveu fazer o povo de palhaço, que a política não é levada a sério. A prova disto está nas últimas eleições, na quantidade de "mulheres frutas", palhaços, cantores, jogadores de futebol, radialistas e outros envolvidos com o entretenimento e que se candidataram, e pior, venceram e hoje são nossos governantes.

Imagine um país que quer ser levado a serio e elege um palhaço, cujo slogan era "pior do que está não fica", com nada menos que 1,350 milhão de votos, e hoje é deputado federal de uma nação cheia de contradições e que busca

---

[10] Ibid., 70.

um assento definitivo no Conselho de Segurança da ONU, como se o mundo fizesse parte deste circo chamado Brasil. Outro candidato muito bem votado foi o deputado Paulo Maluf, de São Paulo, com 497 mil votos, mesmo acusado pela justiça brasileira de ter uma vultosa conta no paraíso fiscal das ilhas Jersey e ter seu nome incluído na difusão vermelha da Interpol, por solicitação dos Estados Unidos. O ex-presidente Fernando Collor de Mello, depois de cumprir o período de inelegibilidade que durou oito anos, imposto pelo Tribunal Superior Eleitoral, volta ao cenário político como senador eleito com 550.725 votos. E a lista não termina, como também não termina minha indignação e meu sentimento pessimista de uma nação onde política não levada a serio.

A eleição destes indivíduos e tantos outros denuncia uma grave falta ética na nação brasileira, aliás a palavra "ética" foi removida do código de conduta dos senadores do Brasil como legado político do senador Lobão Filho que justificou a canalhice com a seguinte frase: "A ética é uma coisa muito subjetiva, muito abstrata." Portanto, temos um senado sem ética, que analisa e aprova projetos de lei. Algumas pessoas acham-me um antipatriota, alguém que só fala mal do Brasil, mas alto lá, não estou aqui a inventar casos, estou relatando fatos de conhecimento nacional, o Brasil é o que é, não são minhas palavras que o tornam assim, e infelizmente, temos que admitir que nosso amado país não é uma nação séria, e que nossa classe dirigente é formada por pessoas de terríveis qualidades. E aqui quero citar o filósofo francês Gilles Lipovetsky que escreveu o seguinte sobre a necessidade da ética em nossos dias: "As grandes proclamações moralistas apagam-se, a ética regressa, a religião da obrigação esvaziou-se da sua substância, mas, mais do que nunca, o <<complemento de alma >> está na ordem do dia: <<O século XXI será ético ou não existirá.>>"[11] Nossa classe dirigente ainda não percebeu, e muito menos percebe o nosso povo, que sem ética o Brasil não existirá. Sinceramente não sei explicar esta frase: "o Brasil não existirá". Acredito que a terra, o povo, a nação continuarão a existir, mas não o tão sonhado Brasil do futuro, que é uma utopia já descoberta pelo mundo. O Brasil vive a síndrome do futuro que nunca chega, não chegou para meus avós, nem para meus pais, nem para mim, e lamento que as indicações são que não chegará para meus filhos. O Brasil precisa compreender que é até possível construir no Brasil estradas tão boas como as da Alemanha, mas construir os valores éticos no Brasil como os que existem na Alemanha, nos custará muito mais do que asfalto e dinheiro, nos custará a coragem de mudar o cenário político brasileiro erradicando com os vermes

---

[11] Gilles Lipovetsky, Biblioteca Dom Quixote, 3. ed., vol. 10, O Crepúsculo Do Dever: a ética Indolor Dos Novos Tempos Democráticos (Lisboa: Dom Quixote, 2004), 235.

parasitas que consomem e destroem o que resta do nosso pobre país.

Mudando a classe dirigente

Seguindo nossa reflexão quanto a classe dirigente, minha proposta é que haja uma mudança completa e generalizada de todos os políticos do Brasil, sei que minha proposta é radical, e o que mais recebo de mensagens é que "não devemos generalizar", que ainda existe na classe dirigente brasileira pessoas de valor. E aqui quero pedir perdão ao leitor por minha incredulidade, mas não creio que um único político brasileiro escapa ao pente fino da verdade, moral, ética e honestidade. Os liberais me acusarão de querer o impossível, pois este tipo de político não existe, se não existe, então vivemos no país das bananas, subjugado eternamente a uma oligarquia imunda e repugnante. No entanto, se o povo brasileiro quiser, simplesmente quiser, em oito anos trocamos todos os políticos do país, e obviamente esta mudança afetará outros setores, como o judiciário, fazendo uma verdadeira faxina da política brasileira.

Possível é, mas o que acontece no Brasil é que a cultura corrupta do nosso povo não nos permite sonhar tão alto e esperar tamanha mudança histórica. Os conluios no Brasil envolvem desde o mais simples catador de papel ao Presidente da República tornando impossível uma ação coletiva e transformadora. Somos, sim todos nós, reféns dos votos de conveniência de um povo servil. E só em pensar nisto, meu pessimismo inflama dentro do peito, e um gosto amargo me vem a boca ao olhar para um horizonte vazio e sem futuro. E cito novamente Laranjeira que diz: "Esta incapacidade de acção independente, esta estupidez moral, esta fraqueza de vontade, esta relutância em fazer as coisas com a maior animação, são fatores que adiam... (as mudanças que tanto precisamos) para um futuro distante."[12] Albert Einstein dizia

---

[12] Ibid., 51.

que: "Insanidade é continuar fazendo sempre a mesma coisa e esperar resultados diferentes." Se esta lógica estiver certa, e acredito que esteja, somos um pais tomado pela insanidade, pois em cada eleição repetimos os mesmos erros e elegemos os mesmos coronéis da república, que repetem as mesmas falcatruas, mas o povo espera mudança. Não há mudança e nunca haverá enquanto continuarmos elegendo nos mesmos indivíduos.

Uma outra doença nacional que beneficia a classe dirigente é a nosso terrível ato enquanto cidadãos de nos esquivarmos da responsabilidade quanto ao caos político em que se encontra a nação brasileira. Cada político que está no poder foi eleito por votos legítimos do povo, independentemente de ter sido um bom e sábio voto. Mas depois nos isentamos da responsabilidade de os ter eleito e criticamos a classe dirigente como se eles tivessem caído no poder de paraquedas. Gilles Lipovetsky escreveu: "A responsabilidade libertou-se da problemática disciplinar do dever..."[13] Agimos com indisciplina, com irresponsabilidade, elegemos pessoas corruptas e incapazes, e queremos mudanças que nunca chegam, então culpamos os mesmos políticos em quem sempre votamos, como se a culpa fosse somente deles: ISTO É INSANIDADE.

Manuel Laranjeira escreveu:

> - o diagnóstico impõe-se per si. O desalento e a descrença alastram-se. No ar respira-se o ceticismo. E, à medida que o mal-estar coletivo se vai resolvendo quotidianamente em tragédias individuais, o sentido da vida, (no Brasil), parece cada vez mais fúnebre e mais indicativo de que vamos arrastados, violentamente arrastados por um mau destino, para a irreparável falência e de que nos afundamos definitivamente.[14]

Não consigo ver outra alternativa viável se não a troca completa e absoluta da classe dirigente

---

[13] Ibid., 312

[14] Ibid., 56-57.

brasileira, caso contrário, continuaremos insanos neste circo chamado Brasil explorados por uma mesma oligarquia à quem atribuímos o poder de nos fazerem de palhaços, como diz Laranjeira: "As quadrilhas messiânicas (que bebem-nos) o sangue e (vende-nos) o pão por um preço fabuloso."[15]

---

[15] Ibid., 82.

A classe do povo e a sua importância

Nos limitamos até aqui em falar da classe dirigente brasileira e agora quero pensar com o amigo leitor sobre a classe do povo, ao meu ver a classe mais importante neste sistema. Por que a mais importante? Simplesmente porque o povo é a base na qual todo sistema se apoio e se mantém, sem o qual nenhuma outra classe faz sentido. É importante também esclarecer que minha perspectiva da sociedade não é piramidal, mas circular, onde cada uma parte deste círculo é completa por uma das classes formando um círculo completo conferindo a sociedade uma forma capaz de mover-se na história. Terei sido contraditório então ao afirmar que a classe do povo é a mais importante? De forma algum, ela é a parte que dá sentido a todas as outras e dela emana as outras classes. No entanto, apesar da sua importância, ela não é capaz de funcionar sozinha, portanto, depende das demais. Uma sociedade sem as demais classes e desmantelada, dispersa e tomada pelo anarquismo que a levaria a destruição.

O grande perigo que sofre alguns países da Europa é o decrescimento demográfico, esta diminuição do povo, se tiver seu processo acelerado pela crises socioeconómicas pode levar uma sociedade a sua extinção e colocar em perigo não só sua existência, mas a sua soberania sobre o espaço geográfico que ocupam. Um exemplo disto é a Russia, com um decrescimento demográfico acentuado, pode vir chegar ao ano 2050 com apenas 46,5% da sua população de origem nativa. Na Alemanha, estima-se que até ao ano 2060 terá um decrescimento demográfico por volta dos 19%. E a situação se repete em praticamente toda a Europa, colocando em questão a continuidade da existência de alguns destes povos a longo prazo. No Brasil, por enquanto, temos um crescimento demográfico elevado e que aos poucos vai se estabilizando, no entanto o que vemos ocorrer hoje na Europa poderemos ver no Brasil por volta do ano de 2050, quando o crescimento demográfico não deverá ultrapassar de 0,24%. Na verdade estes números são apenas para mostrar que não importa o tamanho da riqueza de um país, se ele não tiver um crescimento demográfico sustentável. E o decrescimento hoje experimentado na Europa tem algumas ralações com a queda na qualidade de vida, no otimismo em relação ao futuro, confiança nas decisões do governo local e mundial que afetará o futuro da sustentabilidade da espécie humana.

No entanto, não é apenas a decrescente demografia que afeta uma sociedade, mas a sua boa manutenção, ou seja, toda sociedade para que funcione bem e de forma ordenada é preciso que seus habitantes encontrem um número de fatores que os mantenham satisfeitos e justifique a boa ordem. A sociedade brasileira já começou a dar sinais do seu pessimismo nacional e da sua insatisfação com os desmando, roubalheira, má administração, e paupérrima qualidade de serviços oferecidos pelo governo. Nenhuma nação consegue enriquecer, manter a boa ordem, liberdade e desenvolver-se no estado em que o país se encontra. A violência desenfreada que hoje assistimos no Brasil é fruto desta má administração e de falta de cuidado para com a população que já anda insatisfeita. Os últimos incidentes que levaram milhões de pessoas às ruas do Brasil é o maior sinal desta insatisfação coletiva à qual o governo se recusa a ver e ao invés de apresentar a sociedade projetos verdadeiros, punição exemplar dos corruptos, igualdade, melhorias nos sistemas de educação, saúde e segurança, controle do custo de vida, criação de empregos, salários justos, acesso da população aos seus sonhos básicos, como a casa própria, entre outras medidas fará eclodir na sociedade brasileira o terror de qualquer governo, anarquia. A história nos mostra que nenhum povo consegui suportar eternamente os desmandos e descaso de sua classe dirigente, eclodindo em manifestações, anarquia e guerra civil. Sejamos um pouco maliciosos e supor que exista uma conspiração por parte do governo. Por que será que o governo brasileiro teve tanta pressa em desarmar a sociedade e pouco ou nada faz para desarmar o crime organizado. O que uma sociedade pacífica, mas armada e insatisfeita, representa para um governo corrupto?

O primeiro passo nessa nossa reflexão sobre a classe do povo é procurar fazer com que a população compreenda a sua importância e essencialidade no Brasil de hoje. Cada cidadão brasileiro é uma célula importantíssima para que todo este organismo funcione. Patriotismo para mim é o reconhecimento do cidadão sobre a sua importância na sociedade. Isto inclui seu grito de desacordo e manifesto, isto incluiu o seu ocupar das ruas e exigir mudanças, isto inclui o seu voto acertado para remover as células cancerígenas que destroem a nossa sociedade. Nenhum governo, por mais arbitrário que seja consegue calar um povo indignado e consciente dos seus direitos, nenhuma polícias consegue ser mais forte do que uma população destemida e decidida a mudar o rumo da sua história. Meu amigo, se eu pudesse resumir tudo o que falei em uma única frase até aqui seria: "O Brasil é nosso, tomemo-lo de volta das mãos de quem o destrói!" Termino com uma frase de Elbert Hubbard: "O professor é aquele que faz duas ideias crescerem onde antes só crescia uma."

Se o brasileiro mudar, o país inevitavelmente também mudará

No Brasil se dispor a escrever uma série de artigos que começam com a palavra "pessimismo" é algo assustador. O brasileiro tem dificuldades em aceitar o não, a derrota, a morte, o impossível, a limitação, e, doa a quem doer, a verdade. Não importa o quanto o país vai mal e há quanto tempo, o importante é negar e vestir uma capa triunfalista de que vai dar tudo certo. O pessimismo não é em hipótese alguma uma fatalidade imutável, mas como explica Manuel Laranjeira: "...é apenas (e felizmente!) o sintoma alarmante de que estamos atravessando uma hora perigosa, decisiva nos nossos destinos como povo."[16] Como seremos curados se nos recusamos a aceitar o diagnóstico médico? Não nos basta

---

[16] Ibid., 66.

virar as costas para nossa realidade para que tudo esteja bem, não, as coisas vão mal, os números estão ai e a realidade está ai, basta a nós aceitarmos o pessimismo e encarar a realidade.

Os políticos que vencem as eleições no Brasil são, os envolvidos com algum tipo de entretenimento, pois infelizmente nosso povo se acostumou ao pão e ao circo, os políticos que mentem sobre eles próprios, que fazem promessas que nunca irão cumprir e que mantém sobre o estado e potencial da nação. Nós brasileiros somos almas facilmente enganáveis e o pior é que gostamos. E sem desejar a verdade, seguimos como gado marcado a ferro quente entoando a canção mais fatalista do país: *"Deixa a vida me levar... vida leva eu!"[17]* E a nação segue em um coro agonizante entoando um refrão mentiroso que diz: *"Sou feliz e agradeço por tudo que Deus*

---

[17] Deixa a Vida me Levar, Zeca Pagodinho.

me deu..." Esse é o brasileiro, presa fácil de demónios políticos disfarçados de anjo de luz para roubar, matar e destruir o nosso futuro.

A pergunta que me fazem sempre é se acredito que é possível mudar. Não, não acredito. Com este brasileiro medroso de reconhecer os fatos, que se recusa a encarar o pessimismo como uma realidade nacional e que deseja viver esta síndrome pagodiniana de ser empurrado pela vida, não tenho esperança. No entanto, acredito que o brasileiro pode mudar, absorver uma indignação fervorosa, um desejo resoluto por mudança, uma resistência inabalável contra a mentira, uma mudança radical do caracter e a renuncia desta cultura que se desenvolveu no Brasil chamada corrupção. Se o brasileiro mudar, o país inevitavelmente também mudará.

E aqui faço questão de repeti o que disse em meu livro Brasil: Manifesto Silencioso:

A formação do povo brasileiro teve uma matriz única, como bem explica o antropólogo brasileiro Darcy Ribeiro em seu livro "O Povo Brasileiro", e nesta matriz tem de tudo e de todos, em nossa formação histórica o que não faltou foi crueldade, corrupção, miséria e muito sangue derramado. Obviamente que nem tudo foi desgraça, no meio disto tudo sempre tinha uma alma piedosa e gente trabalhadora. Mas via de regra não era assim, o brasileiro nasceu preguiçoso, basta ler os livros de história escritos sobre o Brasil por estrangeiros. Está é uma história que procuramos esconder dos nossos filhos, com livros mentirosos preparados pelo Ministério da Educação ao longo dos anos.

Além disto, somos uma nação imoral, não só nos padrões éticos do quotidiano, pois até o coveiro precisa levar o seu, mas somos imorais na nossa sexualidade. O sonho de toda mulher famosa no Brasil é sair nua numa revista, que Deus preserve as puritanas, mas quem é que já não viu a vagina de boa parte das atrizes e modelos brasileiras? Não gaste dinheiro comprando estas revistas, toda vagina é basicamente igual, com raríssimas diferenças anatômicas. A mídia perverteu o brasileiro e o transformou num tarado impotente, pois os mais felizes sexualmente no mundo não são os brasileiros. E o carnaval? Melhor deixar de lado, pois o espaço está acabando e prometi ser breve. Tenho só em minha família cinco homossexuais, sempre convivemos sem nunca ter problema algum, cresci rodeado por eles e seus amigos, mas optei por ser heterossexual, no entanto hoje parece que há uma obrigação em sermos homossexuais, não é aceitar, respeitar e garantir direitos, mas uma gayzação da

> sociedade através da mídia e da mídia e do Ministério da Educação brasileiro e seus kits sexuais. Tolos são os heterossexuais e os homossexuais que estão ai se gladiando com pressupostos inúteis enquanto o governo utiliza esta guerra para roubar e deturpar mais ainda o povo brasileiro. Seja homossexual quem quer, seja heterossexual quem quer e ninguém tem nada com isto, e ao invés do governo querer controlar o que é de ordem privada, tem sido negligente naquilo que é de ordem pública.[18]

E repetindo o que já disse anteriormente, se desejamos mudança no país, é preciso uma mudança na formação moral do brasileiro. Nosso problema não são baixos salários, pois os políticos ganham um absurdo em salários e privilégios e são corruptos, nosso problema é moral, portanto só consigo acreditar que é possível mudar o Brasil se for possível mudar o brasileiro, e esta será a nossa maior tarefa. Cito novamente Laranjeira: "...num país, onde a inteligência é um capital inútil e onde o único capital deveras produtivo é a falta de vergonha e

---

[18] Ibid., 23-25.

a falta de escrúpulos..."[19], que positivismo podemos desenvolver? Termino como uma citação de William Shakespeare: "Nenhuma herança é tão rica quanto a honestidade." Não posso mudar o Brasil, nem posso mudar você, então estou decidido mudar a mim mesmo!

---

[19] Ibid., 56.

Um povo mudado na escola para mudar o país

O pessimismo nacional à la mode brésilienne não é em hipótese alguma uma sina inevitável, pelo contrário, como já observamos no capítulo anterior, é apenas um sintoma alarmante de que precisamos mudar o rumo em que as coisas caminham. E todos nós sabemos que no Brasil as coisas não andam bem há muito tempo. Se analisarmos as dez áreas mais importantes numa sociedade e fizermos uma análise de cada uma delas chegaremos as devidas conclusões. O filósofo norte americano, Dr. David A. Noebel[20] nos fornece uma lista com dez disciplinas que formam a cosmovisão do indivíduo, estas não se tratam apenas de disciplinas acadêmicas

---

[20]   David A. Noebel, The Battle for Truth (Eugene, Or.: Harvest House Publishers, 2001), .2.

longe da realidade do povo comum, na verdade estas disciplinas fazem parte da vida quotidiana dos indivíduos na sociedade, determinando suas decisões e acções. Se esperamos uma mudança no cidadão brasileiro e que venha refletir na sociedade causando a tão esperada mudança em nosso país, precisamos nos familiarizarmos com estas disciplinas ou áreas, como desejar chamar, para então trabalharmos na formação deste novo brasileiro. Estas disciplinas são: história, economia, política, leis, sociologia, psicologia, biologia, ética, filosofia e teologia.

Infelizmente devido ao atraso na educação brasileira, algumas destas palavras podem soar totalmente estranhas ao cidadão comum e embora ele não perceba estas disciplinas, que aqui passarei a chamar de áreas, fazem parte do seu dia a dia. A história é uma área importantíssima em toda sociedade, e também em nossas vidas. A história nos relembra onde começamos, nos mostra nossos erros e acertos e nos serve de orientação para o futuro. A história de um povo é de tal maneira importante que precisamos repassá-la às gerações futuras. Em termos sociais isto é feito pela escola e a nível familiar pelos pais, avós, tios e irmãos, mas também temos o abençoado recurso da literatura. No entanto o que aconteceria se um governo mal intencionado resolvesse torcer a história e ensiná-la de forma errada aos nossos filhos? Se analisarmos países como a antiga Alemanha nazista e a antiga União Soviética, e ainda hoje na China, na Coréia do Norte, Cuba, e outros mais, a história é contada e estudada de forma adulterada por regimes ditatoriais. Nenhum poder ditador consegue se manter no poder se não pela mentira histórica e filosófica.

No Brasil, testemunhamos que sob a orientação do governo esquerdista do Partido dos Trabalhadores, que eles fazem o mesmo que os países acima mencionados, ou seja, conseguem se manter no poder através de mentiras e distorções históricas. Em 2011 a jornalista da Folha de São Paulo Luiza Bandeira Rodrigo Vizeu fez a seguinte denúncia contra o MEC:

> Livros didáticos aprovados pelo MEC (Ministério da Educação) para alunos do ensino fundamental trazem críticas ao governo Fernando Henrique Cardoso (PSDB) e elogios à gestão de Luiz Inácio Lula da Silva (PT). Uma das exigências do MEC para aprovar os livros é que não haja doutrinação política nas obras utilizadas.

> O livro "História e Vida Integrada", por exemplo, enumera problemas do governo FHC (1995-2002), como crise cambial e apagão, e traz críticas às privatizações.

> Já o item "Tudo pela reeleição" cita denúncias de compra de votos no Congresso para a aprovação da emenda que permitiu a recondução do tucano à Presidência.

> O fim da gestão FHC aparece no tópico "Um projeto não concluído", que lista dados negativos do governo tucano. Por fim, diz que "um aspecto pode ser levantado como positivo", citando melhorias na educação e a Lei de Responsabilidade Fiscal.

> Já em relação ao governo Lula (2003-2010), o livro cita a "festa popular" da posse e diz que o petista "inovou no estilo de governar" ao criar o Conselho de Desenvolvimento Econômico e Social.

O escândalo do mensalão é citado ao lado de uma série de dados positivos.

Ao explicar a eleição de FHC, o livro "História em Documentos" afirma que foi resultado do sucesso do Plano Real e acrescenta: "Mas decorreu também da aliança do presidente com políticos conservadores das elites". Um quadro explica o papel dos aliados do tucano na sustentação da ditadura militar.

Quando o assunto é o governo Lula, a autora -que à Folha disse ter sido imparcial- inicia com a luta do PT contra a ditadura e apenas cita que o partido fez "concessões" ao fazer "alianças com partidos adversários".

Em dois livros aprovados pelo MEC, só há espaço para as críticas à política de privatizações promovida por FHC, sem contrabalançar com os argumentos do governo.[21]

Os livros com as histórias alteradas pelo MEC são utilizados em 97% das escolas da rede pública de ensino. Mas o caso de manipulação histórica vai muito além, principalmente os livros de história preparados por Mário Schmidt, que já foi denunciado e duramente

---

[21] Luiza Bandeira Rodrigo Vizeu, "Livros Aprovados Pelo Mec Criticam Fhc e Elogiam Lula," Folha de São Paulo, 01 de Maio de 2011, accessed May 14, 2014, http://www1.folha.uol.com.br/fsp/poder/po0105201102.htm.

questionado pela média devido aos absurdos contidos nos seus livros utilizados pela rede pública de ensino. Os absurdos de Mario Schmidt vieram à público depois das denúncias feitas por Ali Kamel, jornalista da Rede Globo de Televisão, onde se lê:

> Não vou importunar o leitor com teorias sobre Gramsci, hegemonia, nada disso. Ao fim da leitura, tenho certeza de que todos vão entender o que se está fazendo com as nossas crianças e com que objetivo. O psicanalista Francisco Daudt me fez chegar às mãos o livro didático "Nova História Crítica, 8ª série" distribuído gratuitamente pelo MEC a 750 mil alunos da rede pública. O que ele leu ali é de dar medo. Apenas uma tentativa de fazer nossas crianças acreditarem que o capitalismo é mau e que a solução de todos os problemas é o socialismo, que só fracassou até aqui por culpa de burocratas autoritários. Impossível contar tudo o que há no livro. Por isso, cito apenas alguns trechos.[22]

E ainda:

> De que forma nossas crianças poderão saber que Mao foi um assassino frio de multidões? Que a Revolução

---

[22] A matéria citada foi reproduzida e consultada no site: http://www.estadão.com.br/estadaodehoje/20070920/not_imp54776,0.php (acesso em 19/09/2008).

Cultural foi uma das maiores insanidades que o mundo presenciou, levando à morte de milhões? Que Cuba é responsável pelos seus fracassos e que o paredão levou à morte, em julgamentos sumários, não torturadores, mas milhares de oponentes do novo regime? E que a URSS não desabou por sentimentos de inveja, mas porque o socialismo real, uma ditadura que esmaga o indivíduo, provou-se não um sonho, mas um pesadelo?

Com uma leitura esquerdista quase maniqueísta e erros de português, o livro condena o capitalismo por visar 'o lucro' e enaltece a 'teoria marxista-leninista', que buscaria o 'bem-estar social'. Elogia a Revolução Cultural chinesa, sem se referir aos assassinatos e abusos da disputa pelo poder no Partido Comunista Chinês[23]

E não para por ai, no entanto recomendo a leitura da monografia de Regiane de Fátima Teodoro, "ASPECTOS ESTRUTURAIS DA COLEÇÃO DE LIVROS DIDÁTICOS "NOVA HISTÓRIA CRÍTICA"[24], do Departamento de

---

[23] Ibid.

[24] Regiane de Fatima Teodoro, "Aspectos Estruturais da Coleção de Livros Didáticos "nova História Crítica" (monografia BA, Departamento de História Instituto de Ciências Humanas e Sociais Universidade Federal de Ouro Preto, 2008), 1, accessed May 14, 2014, http://www.ichs.ufop.br/lph/images/stories/2008_-_REGIANE_DE_FTIMA_TEODORO.pdf.

História Instituto de Ciências Humanas e Sociais Universidade Federal de Ouro Preto, que se deu ao trabalho de fazer uma excelente monografia onde não só apresenta documentos com as denuncias contra o MEC, mas também apresenta sua análise pessoal da questão.

A história serve como anfiteatro das ideologias filosóficas ensinadas nas escolas do Brasil, além da ideologia marxista podemos incluir também a ideologia behaviorista da gayzação. Infelizmente o atual governo petista vem mostrando cada vez mais suas garras comunistas e fascistas.

E aqui nos encontramos numa encruzilhada decisiva. Se para mudar o Brasil precisamos mudar o brasileiro, como conseguiremos isto se sua base de formação fundamental, a escola esta tomada pelas ideologias comunistas? Só nos resta uma solução, mudar imediatamente o governo e restruturar todo nosso sistema de educação. Como o leitor pode perceber é preciso agir imediatamente através do nosso direito democrático, o voto, e remover este governo que deseja reavivar o comunismo no mundo a partir do nosso amado Brasil. Só seu voto será capaz de mudar tudo isto!

Um povo manipulado pela ideologia lulista

Nosso pessimismo é também fruto do descaso que observamos na educação do brasileiro, como se não bastasse a péssima qualidade de ensino, nossos jovens são assolados por esta onda ideológica que visa criar um estado marxista no Brasil. Como escreveu o Dr. Fred Schwarz: "As escolas e as universidades são os berçários do comunismo."[25] A sociedade imaginou que afastando a religião da escola e da universidade, estariam cooperando para um estado laico, igualitário, mas na verdade, criou-se um laicismo deturpado e niilista, que abriu as portas para as filosofias marxistas nas escolas e universidades do Brasil. Esta é uma guerra de ideias e ideologias que se dá no campo da filosofia. Estamos, portanto, numa guerra

---

[25] Newsletter of the Christian Anti-Communist Crusade. P.O.Box 890, Long Beach, California, 90801; Fevereiro 1, 1988.

acirrada pelas mentes e corações do povo brasileiro. Guerra esta que a figura lulista do "bom velhinho" juntamente com a da "mãezona" Dilma tentam ganhar através do populismo assistencialista.

Como declarou Richard M. Weaver: "Ideias têm consequências!"[26] É preciso compreender como as ideias viajam de onde são criadas para a mente e coração do povo. Elas nascem na filosofia e se espalha pela arte e educação, transforma-se em cultura e então vira lei. Foi assim que o PT chegou ao poder. Permita-me fazer-lhes uma pergunta, onde estão os artistas que ajudaram a eleger o ex-Presidente Lula, favoreceram o Partido dos Trabalhadores e hoje no auge dos escândalos políticos, parecem ter desaparecido e omitem-se diante da sociedade. Mas como o brasileiro tem mente curta, vou ajudá-los a recordar, e quem sabe cobrar destes

---

[26] Richard M. Weaver, Ideas Have Consequences, expanded ed. (Chicago: University of Chicago Press, 2013).

mesmos artistas uma posição quanto a corrupção desenfreada deste governo petista. Personalidades como o escritor Paulo Coelho, a atriz Letícia Sabatela, Chico Buarque, a cantora Rosimery, as atrizes Marília Pera e Fernanda Montenegro, Sheila Mello, Gilberto Gil, Pelé e o maior protagonista dos últimos tempos, Bono Vox da Banda U2. Será que sua mente foi refrescada agora? Estes são os culpados entre muitos outros de estabelecerem este governo que destrói o país paulatinamente. Cada vez que uma personalidade destas vêm a público é favorecimento ao governo petista. Acredito que cada uma destas pessoas acima citadas ou são coniventes com a ladroagem e picaretagem que acontece no Brasil ou são seres irresponsáveis e que devem uma explicação e um pedido de desculpa ao povo brasileiro.

Espero que a medida em que você lê O Pessimismo Nacional "à la mode brésilienne" sua mente possa compreender a grande articulação utilizada por este presente governo brasileiro para manipular a sociedade e se perpetuar no poder. Eles utilizam-se de personalidades públicas coniventes, do sistema público de ensino, da mídia e propaganda e do assistencialismo. Trata-se portanto de um sistema muito bem montado e difícil de desmantelar. A Presidente Dilma gastou 2.3 bi com propaganda em favor do seu governo. E como o brasileiro aprecia circo e pão, outros 100 bi estão sendo gastos com a copa do mundo, nas arenas circenses, para enganar o trouxa do cidadão que vai caminhar para estas arenas cantando: "Deixa a vida me levar..." Sejamos razoáveis, com um aparato destes, com um povo apático, facilmente manipulável, influenciado por personalidades públicas estúpidas e coniventes, será que seria ainda preciso manipular as urnas electrónicas? Vou deixar isto para um outro capítulo.

Neste breve texto tentei mostrar como tem sido montado todo este sistema pelo atual governo e que torna difícil, se não impossível convencer o brasileiro comum que recebe assistência financeira do governo, que frequenta ou têm filhos a frequentarem a escola e são influenciados pelas ideologias que ali estão sendo ensinadas, que assiste, que ouve e que lê o que estas personalidades públicas oferecem. E aqui fico eu, a remoer meu pessimismo, tentando encontrar nesta obra das trevas uma fagulha de luz.

Defender o Brasil é defender nossos valores culturais

Estamos numa guerra ideológica pelas mentes e corações do povo brasileiro que se rende paulatinamente às constantes investidas feitas nas escola, na rua, na mídia, na arte, na literatura, entre outros. Recentemente enquanto palestrava em Bruxelas, a minha colega palestrante, que era uma albanesa me explicou como o governo marxista-leninista conseguiu fazer uma lavagem cerebral no seu povo. Disse-me ela que em todo lugar, nas ruas, nas praias, nos mercados, nas escolas, em casa, literalmente em todo lugar os dois sentidos humanos mais utilizados no aprendizado eram "bombardeados" sem trégua por propaganda marxista-leninista. Disse-me ela: "Já imaginou o que é ir a praia para descansar e ter que ouvir pelos altifalantes do governo estas propagandas a todo tempo?" Fui capaz de imaginar milhões de mentes albanesas sendo cozinhadas no caldeirão diabólico de Lenin, no fogo brando do marxismo, mexidos sem parar para não empolar, pela colher de pau da pedagogia, firmemente manuseada pelas mãos da filosofia.

Quando o comunismo caiu na Albânia, as pessoas não sabiam como agir e desde 1989, mas precisamente 1990, a Albânia tenta se recuperar do estrago deixado pelo comunismo. O comunismo nunca fez bem ao mundo, assumem o poder com mãos de ferro, oprimem e dizimam sem piedade seu próprio povo. Mais de cem milhões de pessoas morreram assassinadas pelo comunismo em todo o mundo. Na Coreia do Norte até hoje existem campos de concentração onde são oprimidas mais de setenta e cinco mil pessoas. É este o comunismo exaltado por Lula recentemente no Fórum de São Paulo, e ainda fez a canalhice de dizer que Cuba, sob o comunismo, é um paraíso na terra.

Segundo o Dr. David A. Noebel, a dialética é o meio pelo qual nós entendemos todo o processo da vida. O marxismo se apoderou deste método e o aplicou na filosofia, e a filosofia é fundamental na formação da cosmovisão do indivíduo.[27] Enquanto o povo brasileiro descansa em berço esplendido, nossos filhos sofrem as investidas paulatinas no comunismo sob orientação deste governo petista. Doze anos no poder é tempo suficiente para a doutrinação marxista de uma geração inteira de jovens brasileiros através do ensino básico, fundamental e médio. Um dia destes um rapaz (brasileiro) de dezesseis me desafiou lançando-me no rosto a frase: "Eu sou ateu!" E fiquei impressionado como um menino de dezesseis anos consegue chegar a esta conclusão e afirmá-la com tamanha veemência, algo que minha

---

[27] Ibid., 64.

geração levará a vida toda a ponderar. No entanto, quando lhe pedi para me explicar a não existência do inexistente e por que a necessidade de afirmar a inexistência de algo que não existe, ele ficou atrapalhado. Então pedi para me explicar como chegou a tal conclusão, se pela pesquisa ou pelo niilismo, e obviamente foi pelo niilismo.

Não estou aqui defendendo o teísmo, embora tenha a certeza do quão salutar é para uma sociedade ter fé e esperança. Com disse o poeta Paul Valéry: *"Que seria de nós sem o socorro daquilo que não existe?"* Como poeta e filósofo, sigo a maioria dos meus antecessores filósofos e poetas, que foram massivamente teístas. O povo brasileiro herdou de seus antepassados portugueses, alemães, italianos, espanhóis entre outros uma cultura cristã, católica e protestante, esta cultura faz parte daquilo que somos, é ela que nos dá esperança para vivermos, mesmo num país tão maltratado pela classe dirigente, é esta cultura cristã que ainda nos une a favor da vida e dos valores ético-morais. Fiquei impressionadíssimo quando vi dezenas de religiosos apoiarem a Dilma nas últimas eleições, tolos, eram como ovelhas levadas ao matadouro. Não estou propondo o estabelecimento de um estado confessional, pelo contrário, defendo um estado laico, que respeite a todos que crêem em alguma coisa e todos os que crêem em coisa alguma. No entanto, é preciso respeitar a base cultural religiosa do nosso povo e deixá-la seguir seu fluxo natural, sem a influência forçada de ideologias que buscam arrancar do nosso povo esta parte tão importante da nossa cultura, do nosso ser. Defender o Brasil é defender sua identidade cultural, sua liberdade de expressão, sua liberdade de crer, deixar de crer e crer novamente, de forma livre, sem receios, sem a intransigência do governo.

Em meu livro Perguntas Pós-Modernas explico:

Na busca pelo real significado da vida, me pergunto: Quem sou eu? As respostas são as mais diversas, no entanto só uma fonte é capaz de me fornecer a resposta certa, e a fonte é a Palavra de Deus.

O humanismo dirá: Você é um acidente. Você é um engano. Você é um primata glorificado. Você é o resultado do processo aleatório da evolução. Em última análise o homem não é nada, e não tem mais valor do que um rato no campo, e se o roedor do campo for uma espécie em extinção, que por acaso está na propriedade do homem, adivinhe: Quem terá que se mudar dali?

Vivemos em uma era em que a vida humana perdeu seu valor. Hoje preocupa-se muito mais com animais de estimação, com a preservação das baleias nos oceanos, com as abelhas e obras de arte do que com as milhares de crianças que morrem todos os meses na África. Nós perdemos a sensibilidade, assistimos os noticiários falando da fome no mundo, com imagens de pessoas desnutridas e segundos depois estamos atirando ao lixo comida sem qualquer sentimento de culpa.

Os programas televisivos são cada vez mais macabros, cheios de violência, sangue e corpos dilacerados e o mais terrível é que estas imagens já não nos causam arrepios. A compaixão é a palavra menos usada em nossos meios nestes dias, aliás re-interpretamos a compaixão segundo nossos critérios. Só sentimos compaixão de quem escolhemos, o indefeso, o injustiçado, o ferido, o faminto, só terá minha compaixão se tiver alguma coisa que ver comigo.

Muito facilmente nos deixamos levar pelo populismo e nos unimos aos clamores racistas, preconceituosos e que desrespeitam a dignidade da vida. Apoiamos governos quando estes levantam muralhas nas fronteiras, para que os pobres continuem cada vez mais pobres e segregados. Nossa compaixão é muitas vezes pura demagogia, pois pouco nos importa a dignidade do outro, queremos é estar do lado da massa.

Quando não sabemos responder uma simples pergunta (Quem sou eu?), matamos milhões de judeus nos campos de concentrações, viramos as costas para os genocídios de Rwanda, ignoramos as diversas etnias dizimadas na África e Ásia por guerrilhas tribais bestas. Quando não sabemos responder uma simples pergunta (Quem sou eu?), apoiamos leis como a do aborto que assassinam milhares de crianças. Quando não sabemos responder uma simples pergunta (Quem sou eu?), começamos a considerar a eutanásia uma questão de justiça, o casamento homossexual uma questão de igualdade, e por ai vai. A ignorância nos leva ao estado de desumanização.

Dentre as mais variadas formas de responder a esta pergunta dentro do contexto bíblico teísta, gostei da resposta dada por Blanchard: "O homem é mais do que um animal altamente desenvolvido ou que um macaco aperfeiçoado. O homem é tão diferente dos animais como estes o são dos vegetais, e os vegetais o são dos minerais. Quanto ao tamanho, o homem, comparado com o sol, a lua e com as estrelas é diminuto, mas Deus lhe deu um lugar especial e honroso no universo."

Logo no início da Bíblia podemos ver a origem do homem: "Criou Deus o homem à sua imagem, à imagem de Deus o criou; homem e mulher os criou". Nossa origem é divina, não somos obras do acaso, nem resultado da evolução, somos seres criados à imagem e a semelhança do próprio Deus. Esta semelhança não está relacionada com tamanho ou a forma, nem que o homem seja uma miniatura de Deus. Segundo Blanchard: "Significa, sim, que o homem foi criado como um ser espiritual, racional, moral e imortal, com uma natureza que era perfeita. Noutras palavras, ele era um verdadeiro reflexo do caráter santo de Deus."

A Bíblia diz ainda que Deus deu ao homem autoridade sobre toda a criação. Portanto, quem sou eu? "Sou a glória que coroa a criação de Deus."

Não importam as circunstâncias que nos trouxeram ao mundo, nem mesmo as condições que envolvem a nossa vida, como já foi muito bem esclarecido. "[...] por causa da supremacia de Cristo na verdade, você é aquilo que o Criador do universo diz que você é. E, ao soprar em você o sopro de vida, ele diz que você tem valor, dignidade e importância, e afirma que devo reconhecer isto em sua vida, da mesma forma como reconheço em mim mesmo.".

Eu sei quem sou, sei quem tu és, sei quem é aquele miúdo com fome que vi no telejornal, sei quem é aquele imigrante, aquela prostituta, aquele pobre, aquele preso e aquele solitário. Somos todos a glória que coroa a criação de Deus e não podemos aceitar as respostas enganosas do pós-modernismo humanista. Que Deus nos ajude a ver o homem, tal como ele nos vê![28]

---

[28] Luis Alexandre Ribeiro Branco, Perguntas Pós-Modernas: Uma Perspectiva Bíblica (Portuguese Edition) (Lisbon: Verdade na Prática, 2010), 13-18.

A importância de um estado laico e o prejuízo de um estado laicista

Em primeiro lugar é preciso entender que é preciso defender um estado laico, não confessional onde as pessoas sejam livres para crer no que quiserem ou simplesmente não crer em coisa alguma. Isto faz parte dos direitos fundamentais da humanidade, no entanto, um estado laicista onde o estado assume uma confissão ateísta e deseja se impor contra a maioria e prejudicá-la é inaceitável.

Iremos por parte, primeiramente buscando entender a diferença entre laicismo e laicidade, de uma maneira simplista bastaria dizer que laicidade é salutar e o laicismo é prejudicial. E aqui vou citar o filósofo Vanderlei de Lima que escreveu esta interessante explicação:

O Estado laico, longe de ser um Estado ateu – que nega a existência de Deus –, protege a liberdade de consciência e de crença de seus cidadãos, permitindo a coexistência de vários credos", assegura, do ponto de vista legal, o Dr. Ives Gandra da Silva Martins, renomado constitucionalista brasileiro.

Quanto ao falso Estado Laico que aí está, o Padre David Francisquini é taxativo ao afirmar que esse Estado professa, sim, uma confessionalidade ideológica agnóstica e laicista, o que significaria dizer: "Como você tem uma convicção religiosa, não pode impô-la a mim. Mas eu que sou agnóstico ou ateu, posso impor a minha a você". "Nós divergimos, mas quem tem razão sou eu, que tenho a mente livre e não atada por dogmas religiosos. Trata-se de um estranho Estado de Direito, dito democrático e pluralista, no qual somente os ateus e agnósticos têm o direito de falar e modelar as leis segundo seus princípios" (Catecismo contra o aborto, p. 35).

Vê-se, portanto, que, a mentalidade reinante pretende fazer prevalecer não apenas o Estado Laico, que seria respeitador da pluralidade de opinião, mas, sim, o Estado Laicista, de raiz comunista e, por isso, sufocador da fé e da moral cristã, libertadoras do ser humano.

Como é evidente, existe uma diferença epistemológica que precisa ser observada e respeitada para evitar os desvios da subjetividade. Danièle Hervieu-Léger nos esclarece que: "Dizer que a sociedade inteira se laiciza implica que a vida já não está, ou cada vez menos, submetida a regras editadas por uma instituição religiosa.[29]

Dentro desta perspetiva de Hervieu-Léger concluímos que no Brasil não temos um estado de laicização tão acelerado, ao contrário, a vida religiosa continua um fator determinante na vida da maioria da população brasileira de uma forma ou de outra.

O Brasil possui uma matriz cultural diversificada, no entanto a maioria absoluta do povo brasileiro é cristã, portanto, é natural que elementos do cristianismo se destaquem em várias áreas da sociedade. Isto não quer dizer que as minorias devam ser desprezadas ou deixadas à margem da sociedade naquilo que diz respeito aos seus direitos. Imagine que um cristão consiga pelos meios democráticos chegar a uma posição de autoridade no Nepal,

---

[29] Vanderlei de Lima, "Estado Laico Não é Estado Laicista," ZENIT: O Mundo Visto de Roma, October 21, 2013, accessed May 17, 2014, http://www.zenit.org/pt/articles/estado-laico-nao-e-estado-laicista.

um pais oficialmente hindu, e sem qualquer cuidado começa a implantar no país uma série leis que prejudicam o hinduísmo e favorecem o cristianismo, obviamente que isto não está moralmente correto. É igualmente imoral igualmente, quando um ateu, um muçulmano, um hindu ou budista chega ao poder num pais como o Brasil onde 89% da população é cristã e agir de forma a prejudicar esta maioria.

Entenda que nosso pseudo amigo no Nepal sem prejudicar a maioria, nada o impede de no exercício do poder, observar atentamente para as necessidades das minorias religiosas e buscar formas de apoiá-las. No entanto, o que vemos no Brasil é que grupos ateístas procuram forçar sua ideologia naqueles que representam a maioria religiosa no Brasil. Quando o MEC estabelece um currículo laicista e comunista age com desrespeito contra o povo. Onde está a sensibilidade do MEC ao tentar doutrinar cristãos com princípios comunistas, se dentre as mais de cem milhões de pessoas assassinadas pelos comunistas no mundo um grande número destes, se não a maioria, era m de origem cristã?

Hervieu-Léger diz ainda que: "A crença não desaparece, ela multiplica-se e diversifica-se, ao mesmo tempo que se fendem, de modo mais ou menos profundo conforme os países, os dispositivos do sei enquadramento institucional."[30]

É interessante observar que o que disse Herviu-Léger podemos observar claramente no candomblé e an umbanda cujo os orixás são na verdade os mesmos santos da igreja católica romana:

ORIXÁ: Iemanjá
SANTA CATÓLICA: Nossa Senhora da Conceição

---

[30]   Danièle Hervieu-Léger, O Peregrino e o Convertidp: A Religião em Movimento (Lisboa: Gravida, 2005), 38.

ORIXÁ: Iansã

SANTA CATÓLICA: Santa Bárbara

ORIXÁ: Xangô

SANTO CATÓLICO: São Jerônimo e São João

ORIXÁ: Ogum

SANTO CATÓLICO: Santo Antônio e São Jorge

ORIXÁ: Oxalá

SANTO CATÓLICO: Jesus

Numa sociedade religiosamente pluralizada como o Brasil, ainda assim, as minorias bem como todos os demais setores da sociedade serão naturalmente afetados pela crença da maioria e quanto a isto não legislação que impeça do desenvolvimento natural da religião que está sempre em movimento.

Não me entenda de forma errada, não estou aqui buscando estabelecer um estado de privilégios aos cristãos, mas um estado de respeito não apenas aos cristãos, mas também a todos os demais grupos religiosos do país, entendendo o cristianismo se sobressairá em várias áreas da sociedade, é o processo natural das coisas numa sociedade de maioria cristã. O mesmo ocorre na Índia com as influências hindus no islamismo, jainismo e sikhismo.

No entanto, o que observamos no Brasil é uma tentativa forçada de impor um laicismo que contraria não apenas os 87,33% de cristãos, aproximadamente 95%% da população que se declara crente em alguma coisa, contra uma minoria de ateus confessos. O que presenciamos através deste regime sulista é aquilo que chamamos na na filosofia de "ateísmo fundamentalista". Darrow Miller em seu livro Emmancipating the World: A Christian Response to Radical Islam and Fundamentalist

Atheism nos mostra que "por gerações ateístas reconheceram a liberdade religiosa... mas hoje o ateísmo tornou-se antiteísta."[31]

O MEC se tornou plataforma política das ideologias comunistas e antireligiosas. Uma instituição à quem confiamos nossos filhos os tem tornado paulatinamente catecúmenos das ideologias marxistas-leninistas. É por este motivo que me oponho veementemente contra o projeto do senador Cristovão Buarque de federalizar a educação no Brasil, isto seria a morte da liberdade de consciência que em âmbitos estaduais e municipais ainda podemos fiscalizar e intervir, mas se a educação for federalizada estaremos com nossos filhos entregues aos carrascos marxistas-lininistas com suas doutrinações diabólicas, não contra o cristianismo, mas contra a humanidade, como sempre aconteceu. É bom recordar que

---

[31] Darrow L. Miller, Emancipating the World: A Christian Response to Radical Islam and Fundamentalist Atheism (Seattle, Wash.: YWAM Pub., 2012), 81.

Cristovão Buarque pertenceu ao Partido dos Trabalhadores (PT) por mais de quatorze anos, chegou inclusive a ser ministro da educação até 2004 ajudou a implementar esta política de doutrinação marxista-leninistas nas escolas da rede pública de ensino, até sair do PT. Segundo fontes não esclarecidas, mas mencionadas no Wikipédia Cristovão Buarque teria dito: "Eu não sai do PT, foi o PT que saiu de mim. Este é o grande crime do PT. O partido é de gente honesta, mas acomodada. A corrupção é de alguns petistas."[32] Não querendo cometer qualquer injustiça, e uma vez que a fonte de tal declaração não é mencionada a não ser no corpo do texto da enciclopédia deixo aqui a indicação de que a mesma possa não ter existido, e se este for o caso é uma irresponsabilidade da Wikipédia.

---

[32] Cristovão Buarque." Wikipédia Online. 2014. Web. 17 May 2014. <http://pt.wikipedia.org/wiki/Cristovam_Buarque#cite_note-8>

A classe intelectual

Toda sociedade saudável precisa de uma classe intelectual ativa, corajosa, analítica e autónoma. Sem a qual a sociedade tende a sofrer na escuridão. A classe intelectual não é em espécie alguma uma classe superior ou elitizada, se ela se considerar superior terá seu julgamento afetado e sua perspectiva e análise sofrerá de algum tipo de cegueira. Um intelectual que não conhece o povo é um intelectual incapaz de falar sobre o povo e para o povo.

O intelectual é aquele que analisa as situações e em posse de dados e informações, observa o desenvolvimento das coisas e com sua perspicácia e conhecimento emite opinião para a sociedade com advertências sobre os riscos e alternativas. Os filósofos franceses Gilles Lipovetsky e Jean Serroy fazem uma séria avaliação sobre a vida intelectual, sobre a qual eles chamam de "o desencanto da vida intelectual:"

> A noção do declínio do valor da cultura é sem dúvida verdadeira, pelo menos no que diz respeito às humanidades, à literatura: a fama que possuíam e o entusiasmo que as rodeavam diminuíram notavelmente. Os debates de ideias e entre escolas adversas, as posições e as controvérsias filosóficas viram a sua aurora diminuir e o seu poder de fascinar e influenciar enfraqueceram rapidamente. Já não há -ismos, já não há pensadores influentes. Há todo um sector da cultura intelectual que está agora não só desabitado, digamos assim, mas também funcionalizado e comercializado.[33]

Se é assim em sociedades mais desenvolvidas, imagina no nosso Brasil entalado num desenvolvimento que se arrasta. Não podemos negar a existência de grandes intelectuais brasileiros, alguns já se foram e deixaram grandes saudades como Paulo Freire e Darcy Ribeiro, hoje temos algumas figuras com grande capacidade de articulação como é o caso do

---

[33]   Gilles Lipovetsky and Jean Serroy, A Cultura-Mundo: Resposta a Uma Sociedade Desorientada (Lisboa: Edições 70, Lda., 2010), 127.

jornalista Merval Pereira, membro da Academia Brasileira de Letras. Na minha modesta opinião é sem dúvida um dos grandes intelectuais do país, inclusive se posicionado ideologicamente contra o ex-presidente Lula e também tem feito duras críticas contra o governo Dilma Rousseff. No entanto, Merval está prisioneiro da Globo e suas opiniões possuem limites e se interferir com os interesses das Organizações Globo será silenciado.

Há outros jornalistas que também se destacam no entanto, temos que tomar cuidado para não confundirmos crítica jornalística com uma análise intelectual. Qual foi o absurdo quando um professor de filosofia que elaborou uma prova em Taguatinga, chamou Valesca Popozuda de "grande pensadora

contemporânea"[34]   Imaginarmos   que   um
professor de filosofia seja capaz de chegar a esta
absurda conclusão simplesmente porque a moça
popozuda não têm papas na língua, é o caos.

Outras figuras como Paulo Coelho é tido como
intelectual por alguns, e também é membro da
Academia Brasileira de Letras, mas pode até ser
por pessimismo natural meu, mas de intelectual
ele não tem nada. Se é bom escritor ou não, é
outra questão, mas nem seus livros nunca me
atraíram. Sem dúvida que o Jô Soares é muito
melhor que ele, inclusive como escritor. Me
perdoem a sinceridade, sei que muitos não
concordarão comigo, mas é minha sincera
opinião.   Inclusive   tenho   uma   péssima
impressão da Academia Brasileira de Letras,

[34]   Ana Paula Lisboa and Mariana Niederauer, "Valesca
Popozuda é Chamada de Grande Pensadora Em Prova de
Escola Pública," Correio Braziliense, 07 de Maio de 2014,
accessed May 17, 2014, http://www.correiobraziliense.com.br/
app/noticia/eu-estudante/ensino_educacaobasica/2014/04/07/
ensino_educacaobasica_interna,421852/valesca-popozuda-e-
chamada-de-grande-pensadora-em-prova-de-escola-
publica.shtml.

que ao meu ver está mais para um "Panteão de Sísifo" – deus grego do absurdo – Sisifo foi condenado a repetir sempre a mesma tarefa de empurrar uma pedra até o topo de uma montanha, sendo que, toda vez que estava quase alcançando o topo, a pedra rolava novamente montanha abaixo até o ponto de partida por meio de uma força irresistível, invalidando completamente o duro esforço despendido. Camus, autor do ensaio sobre Sísifo, aos ser questionado se a realização do absurdo exige o suicídio? Camus responde: "Não. Exige revolta". Eis aqui uma boa dica para nós cidadãos brasileiros, nossa falta de intelectuais não deve nos levar ao suicídio das ideias, mas a revolta. Imaginar que José Sarney e Marco Maciel são membros da Academia Brasileira de Letras é realmente revoltante! Mas, deixemos o "Panteão de Sísifo" de lado, pois nem fedem e nem cheiram, estão entretidos em seus absurdos.

E ao falar em revolta, não posso deixar de falar do intelectual e filósofo mais revoltado, inquieto e provocador, Olavo de Carvalho. Olavo tem um conhecimento e uma habilidade de raciocínio e espírito crítico impressionante. Ele é sem dúvida o grande terror dos comunistas brasileiros, e talvez uma das maiores brasileira autoridades no assunto. Ele tem um jeito só dele, uma irreverência e "uma boca suja" que nos incomoda, mas um raciocino autónomo e brilhante. Só lamento que ele fume demais!

E para concluir este capítulo cito novamente os filósofos franceses que escreveram: "Por um lado, a esfera intelectual está cada vez mais institucionalizada e "burocratizada", por ser constituída por professores e universitários para os quais a carreira é muitas vezes mais importante do que a questão das ideias."[35]

---

[35] Ibid., 127.

Vivemos na era negra do intelectualismo, onde muitos poucos querem dar as caras e enfrentar o sistema, denunciar as suas falcatruas e elevar o espírito humano ao inconformismo. Como bem disse Laranjeira: "Não nos iludamos. Ou nos salvamos nós, ou ninguém nos salva."[36]

---

[36] Ibid., 92.

Uma educação transformadora

Dizem os mais velhos que a educação no Brasil já foi melhor, na época em que ainda se estudava entre outras coisas, o latim. Então já faz muito tempo! Na verdade a educação nunca foi levada a sério por governo algum no Brasil. A educação que no Brasil ainda tem alguma qualidade é o ensino em algumas universidades federais, estaduais e algumas universidades privadas. Mas a educação de base, fundamental, é paupérrima, com algumas excessões. Neste caso, no ensino básico as escolas privadas estão entre as melhores do país, como o Colégio Bernoulli (unidade Lourdes (Belo Horizonte/ MG), eleito o melhor colégio do Brasil no ano de 2013. Então o sistema funciona assim, os pais que podem, pagam escola e colégio particular para os filhos que uma vez bem preparados conseguem entrar para as universidades federais e estaduais, e a maioria que frequenta escola e colégio público, por não conseguirem passar para as universidades públicas, pagam para estudarem nas universidades privadas. É um sistema meio esquizofrénico, mas é o que é! Obviamente que não estou generalizando e sei que há excessões muito louváveis.

Como pai, um dos dias mais felizes para mim foi quando minha filha mais velha chegou em casa e leu algo para mim, ela estava a ser alfabetizada, e empolgada, leu-me umas partes do livro que havia trazido da escola. Por que foi um dia tão especial para mim? Foi especial por que eu sei o quanto a educação é importante na vida do indivíduo. Logo após a leitura ela olhou para mim com aquele sorriso lindo e olhos brilhantes a espera do meu elogio, mas fiz mais que elogiar, disse-lhe algo que ela certamente levará muito tempo para ela compreender, disse-lhe: "A partir de hoje és livre da ignorância e nunca serás escrava de ninguém!"

É isto que nossos jovens precisam ouvir e compreender, que a educação é a nossa libertação. é a nossa autonomia num mundo onde um novo tipo de escravidão é imposto sobre os homens. Não uma escravidão que amarra com correntes, que proíbe o ir e o vir, e nem uma escravidão da violência física, mas uma terrível escravidão chamada "ignorância." Enquanto nossos jovens não entenderem o valor da educação, e este valor não está relacionado com valor financeiro, um bom cargo, um com salário, uma boa casa, um bom carro e uma vida confortável. Esse valor chama-se dignidade. Todo indivíduo educado é um nobre!

Manuel Laranjeira viveu numa época bem diferente da nossa, quando tudo era muito rudimentar, e portanto, para que suas palavras tenham impacto em nossas mentes precisamos transportá-la para o presente. Ele disse: "A palavra escrita é imprescindível para a vida social moderna. Atualmente ela é o instrumento usual mais importante da sociabilidade. Na complexidade da vida de hoje, o homem que não sabe ler e escrever é um homem incompleto, desarmado para a luta do pão quotidiano."[37]

Na pedagogia uma pessoa é considerada alfabetizada não apenas quando sabe ler e escrever, mas quando é capaz de explicar aquilo que leu. Embora estejamos há um pouco mais de um século de distância de Manuel Laranjeira, ainda temos pessoas que passam pelo ensino fundamental e básico sem saberem ler e escrever. Veja esta pesquisa aplicada pelo jornal Diário da Região, de São José do Rio Preto:

> Alunos de Rio Preto terminam o ensino médio e iniciam a vida universitária sem saber o básico da língua pátria. Teste aplicado pelo Diário a 334 alunos de escolas estaduais, particulares e faculdades de Rio Preto revela que os estudantes desconhecem conteúdos que deveriam dominar no ensino

---

[37] Ibid., 74.

fundamental. Escrevem textos desconexos, recheados de erros ortográficos graves, não sabem identificar sujeito e predicado nem compreender um tema simples de redação. Erros na grafia de palavras como "facio" (fácil), "dimenor" (menor de idade), "familha" (família), "encino" (ensino), "diguino" (digno), "serto" (certo), "onesta" (honesta), "imprego"(emprego)e "anafabeltos" (analfabetos) são encontrados em textos de alunos do terceiro ano do ensino médio e primeiro ano do curso de graduação.[38]

Como seria este teste se aplicado no país inteiro? Como não ser pessimista diante de um quadro destes? E em nossos dias precisamos muito mais que simplesmente ler e escrever, precisamos ler, escrever e falar pelo menos um indicam além do nosso. Precisamos saber informática, precisamos ter noções de mecânica, precisamos de matemática e biologia, precisamos muito mais, mas ainda lutamos em nosso Brasil varonil para que nossos jovens cheguem a universidade sabendo ler e escrever.

---

[38] Allan de Abreu and Rita Magalhães, "Futuros Universitários Não Sabem Escrever," Diário da Região, 4 de Setembro, 2011, accessed May 18, 2014, http://www.diarioweb.com.br/novoportal/noticias/educacao/76143,Futuros+universitarios+nao+sabem+escrever.aspx.

Mas o que esperar de um país onde milhões de dólares são pagos para jogadores de futebol que não sabem escrever o próprio nome? O que esperar de um país que elege governantes igualmente despreparados? O Brasil valoriza mais bunda de uma loira do que o estudo. A pergunta é: "Num país como o Brasil por que devemos estudar?" Lembro-me de conversar certa vez com um adolescente e procurava incentivá-lo nos estudos, mas ele cortou logo a conversa com a frase: "Liga não tio, meu negócio é futebol, vou fazer uns testes ai." O mesmo com moças, que preferem mostrar a bunda em grupos de pagode, programs de televisão ou mostrar tudo para um revista e ganhar um dinheiro fácil, sem o sacrifício do estudo. O que eles perdem? A dignidade!

E aqui sei que provocarei a ira de alguns, mas na minha perspectiva da vida o indivíduo pode ter ficado milionário chutando bola ou mostrando a bunda, se é incapaz de ler, escrever e falar corretamente sua própria língua é um pobre miserável. Não posso imaginar como seria viver sem poder ler, ler poesias, ler romances, ler filosofia, ler, ler e ler. Como o Brasil seria diferente se as pessoas encontrassem prazer na leitura, se fossem fascinadas com "Os Irmãos Karamazovi", ou com os livros de Jane Austen, se lessem Adélia Prado, Rubem Alves, Machado de Assis, Graciliano Ramos e tantos outros, literatura nacional e estrangeira. É este prazer que nos torna dignos, é o prazer do saber!

Temos uma urgência para com a educação brasileira, não podemos esperar mais, precisamos de Ministros da Educação que sejam educadores, que conheça a sala de aula, que sabe o que é olhar nos olhos de um adolescente e encorajá-lo a prosseguir.

Um de meus alunos desistiu do curso, não era dos piores, mas conseguiu um trabalho e simplesmente abandonou. Senti-me um fracassado, um sentimento de não ter cumprido com meu dever, talvez se tivesse gastado mais tempo com este aluno, quem sabe, ele teria continuado. Um dia, por acaso encontrei o pai deste jovem e o implorei que recomendasse o filho para voltar ao curso, e para minha surpresa ele voltou! Iria repetir o ano inteiro, embora tenha deixado o curso semanas antes do término das aulas. Então conversei com meus superiores, e depois com ele e lhe fiz uma proposta, de que se ele fizesse todos os trabalhos do ano anterior que ele não havia concluído, e tirasse uma nota o suficientemente boa, eu o passaria de ano, ou seja, não precisaria repetir. E ele fez, se empenhou, tirou uma boa nota, passou logo para o outro ano e muito motivado com os estudos. Hoje ainda é meu aluno numa outra disciplina, mas firme e convicto que irá até o fim. Ser professor é ir além do mero ensino dos livros, do academicismo, somos mestres da vida, mestres de uma educação transformadora.

E para concluir este capítulo, acredito que a educação transformadora passa por três vias. Embora não seja formado em pedagogia, mas como professor e filósofo posso me arriscar um pouco neste tema e apresentar minha tese das três vias de uma educação transformadora: 1ª via - É a via da escola e do professor. Se estes não forem capazes, as outras vias não serão suficientes. E aqui serei um pouco duro com a classe sofrida e desvalorizada do professor, nós sabemos disto e lamentamos, e também esperamos que um dia seja diferente. Mas muito professores são péssimos educadores, até dominam a matéria, mas não conseguem conquistar o coração do aluno. Tive uma professora, na antiga quinta série, que era terrível. Uma professora que me fez odiar a língua portuguesa, por sinal era petista (de verdade). Ela um dia ao me corrigir me tratou tão mal que eu travei, nunca mais fui um bom aluno em português, e até hoje ainda sofro as mazelas daquela mulher. A 2ª via é a via da família. É preciso entender que a família faz parte da educação dos filhos. Coisas simples como ler história para eles e depois conversar sobre o tema, levá-los para conhecer livrarias, comparar livros que eles possam ler. Quando o livro for mais exigente, faça como eu, pague para ele ler o livro e depois lhe explicar, como prova de que leu. Não será dinheiro perdido! Nada exorbitante, umas moedas talvez ou outra coisa que o estimule a ler. E por fim a 3ª via, que é a via pessoal. Depois de uma determinada idade o jovem precisa ser o primeiro interessado na sua própria educação, se não o for, de nada adiantará os esforços externos. Um dia uma jovem escreveu uma poesia e me mostrou, eu li e sem demonstrar reação a devolvi, ela então perguntou-me se não era boa, e respondi que mais ou menos. Então ela me perguntou o que é preciso para se escrever bem, minha esponta foi simples: "Para se escrever bem é preciso ler bem, com qualidade e quantidade!" Naquela semana ela leu um livro, um conto fantástico. Escreveu outra poesia e me mostrou, era outra coisa, maravilhosa. E ali ela percebeu a lição, sem ler nossa mente está limitada, não viaja, não vai além do trivial.

Estas são minhas vias para uma educação transformadora.

A religião e a sociedade

Não irei nesse capítulo tornar a falar sobre o que já vimos sobre a laicidade e o laicismo, mas refletir um pouco sobre a religião na sociedade brasileira. Tendo em vista que o Brasil é de maioria cristã, me debruçarei sobre este pilar.

A realidade do Brasil é que se trata de um país católico romano, e portanto é natural que evidências do romantismo seja observado em vários setores da sociedade. Logo a seguir temos os evangélicos e as seitas que se misturam com facilidade com o evangelicalismo brasileiro. Depois temos um grupo interessante, que são os sem religião, o que não quer dizer necessariamente que sejam ateus. Neste grupo encontram-se ateus, mas também pessoas para quem a fé é existente, porém, é incognoscível. Acredito que as Afros em suas diferentes vertentes venham logo atrás dos evangélicos e por fim as demais minorias religiosas.

O Brasil é um país de fé, não importa qual fé, mas a fé do povo brasileiro é quase tangível, isto dá-se devido a formação da matriz étnica brasileira que reuniu certa variedade de crenças. A religião na verdade é algo por demais enraizado no ser humano como explica Danièle Hervieu-Léger: "O religioso é uma dimensão transversal do fenómeno humano, que trabalha de modo ativo ou latente, explicito ou implícito, toda a espessura da realidade social, cultural e psicológica, segundo às modalidades próprias de cada uma das civilizações no seio das quais nos esforçamos por identificar a sua presença." [39]

E ao contrário do que alguns académicos imaginaram, o Séc. XXI não se tornou o século do abandono religioso, pelo contrário, há um aumento significativo da fé em alguma coisa,

---

[39] Ibid., 26.

certamente noutros moldes, diferentes dos antigos modelos o que tem forçado uma adaptação em praticamente todo grupo religioso. E numa sociedade aberta como a brasileira, a fé diversificada tende a multiplicar-se com agilidade e facilidade. No entanto para uma melhor compreensão, entendemos que: "Uma religião é... um dispositivo ideológico prático e simbólico pelo qual é constituído, mantido, desenvolvido e controlado o sentido individual e coletivo da pertença a uma linhagem crente particular."

Algo que impressionou muito as lideranças religiosas no último censo realizado no Brasil pelo IBGE foi o rápido crescimento dos sem religião entre estes os chamados desigrejados. Este fenómeno faz parte do pacote da pós-modernidade, que traz com ela novas tendências e novas formas de expressão da fé e da pertença. como explica Danièle Hervieu-Léger:

> Esta pulverização das identidades religiosas individuais não implica o apagamento ou até mesmo o desaparecimento a prazo de todas as formas de vida religiosa comunitária. Bem pelo contrário, enquanto os aparelhos das grandes instituições religiosas parecem cada vez menos capazes de regular a vida dos fiéis que reivindicam a sua autonomia de sujeitos crentes, assiste-se a uma eflorescência de grupos, redes e comunidades no seio dos quais os indivíduos trocam e validam mutuamente as suas experiências espirituais.[40]

O que presenciamos não é a morte da religião e nem de Deus como se imaginou, mas uma metamorfose religiosa que tem redefinido rumos e atitudes.

No Brasil ainda temos muito do que chamamos de síndrome do messianismo religioso, que produz figuras estranhas como Silas Malafaia, Edir Macedo, R. R. Soares, Valdemiro Santiago, Padre Marcelo Rossi, Padre Fábio Melo entre outros protagonistas.

---

[40] Ibid., 32.

No entanto, como se não bastasse a vida religiosa, muitos religiosos têm trocado o púlpito ou altar pela política, embora alguns insistam em manter uma relação dupla entre o ser político e o ser religioso, uma espécie de deus Jano, que com suas duas faces olhava simultaneamente para o futuro e o passado, o neo-deus-jano tem uma face voltada para a política e outra para a religião. Assim como Jano lendariamente navegou até uma montanha romana para aumentar seu poder, os neos-deuses-janos têm voado até Brasilia com o mesmo propósito.

Acredito na política como uma arte para a qual precisa-se ser vocacionado, da mesma forma acredito que o presbitério é reservado aos vocacionados, quando ambos se misturam, temos uma orgia nefanda que destrói tanto a religião como a política. O envolvimento de religiosos com a política com intuito de criar coronelismo em ambos os lado não é uma situação nova no Brasil. Cícero Romão Batista, mais conhecido como Padre Cícero foi o primeiro prefeito de Juazeiro do Norte e durante toda a sua vida foi mais político do que padre.

Hoje figuras como Marcelo Crivella e Marcos Feliciano nos tornam pessimistas quanto ao Brasil religioso e político e nos fazem perder a fé tanto numa coisa como na outra.

A interferência da religião no estado e do estado na religião

Começo a escrever este capítulo, que espero que seja curto, com a sensação de que estou sendo para além de pessimista um tanto quanto antagônico, em relação ao que já escrevi em capítulos anteriores.

O que acontece é que depois que os neos-deuses-janos descobriram as montanhas (fictícias) de Brasília e la se estabeleceram com suas carrancas voltadas para a política e para a religião a "putaria" não cessa.

É inaceitável que a política e a religião vivam amasiados, e aqui não se trata de uma mera influência natural da cultura, mas uma interferência maquiavélica de pessoas que não entenderam que Jesus disse: "Dai, pois, a César o que é de César, e a Deus o que é de Deus." (Lucas 20:25). Ao contrário de ouvirem a Cristo, e se não o ouvem é porque não são dele, vivem neste dualismo político-religioso.

A sensação que tenho nas épocas de campanhas eleitorais no Brasil é que a igreja vive o retrocesso da estratégia de Constantino I (272 d.C. – 337 d.C.) em unificar a igreja e o estado, para assim firmar seu poder sobre os dois pilares poderosos do mundo daqueles dias, o Império Romano é o Cristianismo.

Até a realização do Concílio de Nicéia (325 d.C.), o cristianismo sofria graves perseguições por parte do Império Romano, igrejas destruídas, cristãos eram aprisionados e tinham seus bens confiscados pelo estado. O Imperador Diocleciano (245 d.C. – 316 d.C.) foi sem dúvida um dos mais terríveis perseguidores do cristianismo. Diocleciano foi sucedido pelo imperador Constantino I, que interrompeu esta terrível perseguição contra os cristãos.

Em 325 d.C., Constantino convidou os bispos cristãos para um concílio em Nicéia, e aproximadamente 300 líderes cristãos apareceram para este encontro. No encontro Constantino I procurou apaziguar a disputa doutrinária que havia na igreja e mesmo não sendo cristão, liderou o concílio e influenciou as decisões importantes no que dizia a fé cristã. Mais tarde, em em 27 de Fevereiro de 380 d.C. o Imperador Bizantino Teodósio 1º (347 d.C. – 395 d.C.) decretou o cristianismo como a religião oficial do Estado. Desde então os cristãos passaram a servir a dois senhores, o Império e a Igreja. "Nicéia custou à Igreja a sua independência, pois a igreja tornou-se imperial desde esta época e a partir dai foi cada vez mais sendo dominada pelo imperador." E no interior da igreja acontecia uma corrupção generalizada:

A igreja enfrentava grave crise: cismas; cidades e
países desolados pela guerra entre romanos, bárbaros
e bizantinos; pecados dos mais vergonhosos,
principalmente entre os cristãos. A espiritualidade,
outrora presente na vida dos cristãos primitivos,
havia desaparecido do meio da igreja naqueles dias.
Era extremamente difícil encontrar um só soberano,
legislador ou qualquer autoridade que não fosse um
herege ou um pagão. Nas escolas, colégios e nas
famílias, jovens e crianças imitavam o
comportamento pecaminoso dos pais e dos
professores. [41]

Apesar da Reforma Protestante ter trazido
uma grande liberdade para a igreja, a mesma
continuou de certa forma sob a influência do
estado. Ao rejeitar a soberania papal, os
Reformadores atribuíram ao estado funções
reguladoras dos negócios eclesiásticos. Esta
separação entre a igreja e o estado foi algo
lento e localizado, nunca chegou a ser uma
doutrina universal, nem mesmo para os
reformados, basta verificarmos os países
tidos por reformados e a sua ligação e
dependência do poder e recursos do estado.
A igreja americana, muitos anos depois da
Reforma, experimentou desta liberdade
plena, algo que podemos notar num dos
escritos de Thomas Jefferson: "... eu
contemplo com reverência soberana a
atitude de todo o povo americano, que

---

[41] Earle E. Cairns, O Cristianismo Através Dos Séculos, 2. ed.
(São Paulo: Vida Nova, 2006), 108-109.

declarou que sua legislatura 'não deve fazer nenhuma lei respeitando o estabelecimento da religião, ou proibindo o seu livre exercício', assim, construindo um muro de separação entre Igreja e estado."[42]

A verdade é que embora parte da igreja tenha adotado uma declaração de fé de separação do estado e o estado adotado a laicidade, esta separação na prática nunca se realizou plenamente, e seus laços se tornam muito mais visíveis em tempos de campanhas eleitorais, mesmo nos Estados Unidos. É a velha história de crer e pregar uma coisa e viver outra.

No Brasil a separação da igreja do estado foi promulgada em 1891, mas na verdade estes laços nunca foram rompidos plenamente e com o crescimento dos evangélicos, certa forma, este envolvimento entre a igreja e o estado também alcançou também os arrais evangélicos. A igreja evangélica mais coesa localmente, passou a ser

---

[42] Jefferson's Letter to the Danbury Baptists (June 1998) – Library of Congress Information Bulletin.

um curral eleitoral muito atrativo para os candidatos políticos. Passamos então a presenciar uma adulação entre pastores e candidatos políticos. Os púlpitos que deveriam ser usados para a pregação da Verdade passam a serem palanques eleitorais para candidatos mentirosos, e os palanques políticos que no geral são plataformas para proclamação da mentira passam a ser cada vez mais ocupados por pastores, homens que em algum ponto das suas vidas se comprometeram a serem proclamadores da Verdade.

O caso é grave, temos pastores que usam de sua influência espiritual sobre o rebanho para exigir dele que votem em determinados candidatos políticos, que por sua vez fazem uso da sua influência política sobre os pastores, com promessas diversas, para conseguirem apoio para a sua candidatura. Como se o mal não bastasse, igrejas começam a lançar seus próprios candidatos ou pastores que se tornam políticos e ai tanto a igreja como o estado vivem uma confusão sem fim. Assuntos como homossexualidade, eutanásia, aborto, ciências em geral, entre tantos outros misturam-se neste caldeirão laicista com ingredientes religiosos, que misturados e cozinhados são servidos ao povo dentro e fora da igreja, causando uma terrível má digestão para toda a sociedade.

É preciso que a igreja e o estado se separem, e cada um, de forma independente, mas também de forma cooperativa possam cumprir suas agendas individuais nas áreas religiosas, sociais, políticas e económicas visando um futuro melhor para o país.

O caso não se limita aos evangélicos, todos nós sabemos da grande influência da igreja romana na vida política do país e em especial nas épocas de eleições. A CNBB, que para mim é mais uma maçonaria católica do que qualquer outra coisa, exerce uma grande influência. E para concluir apresento abaixo algumas questões práticas:

As reuniões das igreja jamais deve ser cedidas para candidatos políticos e nem utilizadas por seus líderes como plataforma eleitoral.

A igreja deve exigir de seus líderes uma postura autónoma e desvinculada de qualquer candidato político, devido a sua posição de influência o líder deve manter a devida distância dos palanques eleitorais e sua preferência política deve ser reservada para si mesmo.

A igreja nunca deve permitir que se faça campanha política em seu meio, mesmo que seu líder seja candidato, e se o for, ao meu ver, deveria ser exonerado do seu ofício religioso.

A igreja pode e deve promover diálogos de conscientização política, de forma independente e sem manipulação, ajudando assim que seus membros sejam capazes de escolher em boa consciência em quem votar.

Os órgãos de fiscalização pública devem vigiar e agir com firmeza contra candidatos, e líderes de igrejas que fazem uso de recursos públicos para fins privados em troca de votos.

Se você é cristão, e sabe que sua igreja será cedida para algum candidato político, mostre sua insatisfação e vá participar do culto noutra igreja neste dia, onde a Palavra de Deus for pregada.

Se sua igreja se envolveu ou se envolve demais com política peça transferência para outra igreja para não ser convivente com esta prática.

E por fim, seja você mesmo responsável pelo seu voto, estude os candidatos, escolha aqueles que estão com suas fichas limpas e honestos, independente de serrem cristãos ou não. Se não

encontrar ninguém, anule seu voto para não trair
sua consciência.

O perigo da ideologia comunista no Brasil

O Brasil sempre foi a "boa moça, cobiçada pelos comunista", e gostem alguns ou não, foi graças a ditadura militar no Brasil que os soviéticos e cubanos não colocaram os pés em terra brasileira. Não irei deter-me nos aspectos históricos, deixando os mesmos para o historiadores, limitarei-me a breves citações para que assim consiga chegar onde desejo com este capítulo.

O regime militar no Brasil foi instaurado em 1 de abril de 1964 e durou até 15 de março de 1985, quando José Sarney assumiu o cargo de presidente, dando início a Nova República. - O governo da família Sarney é "per si" uma ditadura branca no Maranhão e em Brasília, mas isto é outro caso.

Se não fossem os militares, o Brasil teria sem dúvida se tornado um país comunista. E chega a ser gozado, pois muitas figuras públicas que hoje aparecem ai falando de liberdade e política, foram os principais apoiadores da ideologia comunista que tentava se estabelecer no Brasil e por isto, após o golpe militar, muito foram viver no exílio, alguns bem que podiam ter ficado por lá.

Os comunistas insistem em dizer que as forças armadas brasileira prendeu, torturou e matou centenas de pessoas.

No meu entender, uma única vida tem um valor inestimável, portanto, não estou aqui desrespeitosamente minimizando as responsabilidades das forças armadas pelos mortos e desaparecidos durante e pelo regime militar no Brasil. Os números divergem-se, uns falam em 358 pessoas e outros em 379, como é o caso do Dossiê de Mortos e Desaparecidos do Brasil.[43]

Com todo respeito às vítimas aos familiares destas, sou forçado a reconhecer que este número é pequeníssimo diante da quantidade de pessoas assassinadas pelo comunismo no mundo, que ultrapassa a cem milhões de pessoas.

Vejamos o que escreveu Roberto Campos numa reportagem para a Folha de São Paulo e O Globo em 19 de Abril de 1998 ao falar sobre o livro "Le livre noir du communisme" (Edições Robert Laffont, Paris, 1997), escrito por seis historiadores europeus, com acesso a arquivos soviéticos recém-abertos, uma enciclopédia da violência do comunismo:

---

[43] "Pessoas," Centro de Documentação Eremias Delizoicov, accessed May 20, 2014, http://www.desaparecidospoliticos.org.br/pessoas.php?m=3.

O "Livre noir" me veio às mãos num momento oportuno em que, reaberto na mídia e no Congresso o debate sobre a violência de nossos "anos de chumbo" nas décadas de 60 e 70, me pusera a reler o "Brasil Nunca Mais", editado em 1985 pela Arquidiocese de São Paulo.

Comparados os dois, verifica-se que o Brasil não ultrapassou o abecedário da violência, palco que foi de um miniconflito da Guerra Fria, enquanto que o "Livre noir" é um tratado ecumênico sobre as depravações ínsitas do comunismo, este sem dúvida o experimento mais sangrento de toda a história humana.

Produziu quase 100 milhões de vítimas, em vários continentes, raças e culturas, indicando que a violência comunista não foi mera aberração da psique eslava, mas, sim, algo diabolicamente inerente à engenharia social marxista, que, querendo reformar o homem pela força, transforma os dissidentes primeiro em inimigos e, depois, em vítimas.

A aritmética macabra do comunismo assim se classifica por ordem de grandeza: China (65 milhões de mortos); União Soviética (20 milhões); Coréia do Norte (2 milhões); Camboja (2 milhões); África (1,7 milhão, distribuído entre Etiópia, Angola e Moçambique); Afeganistão (1,5 milhão); Vietnã (1 milhão); Leste Europeu (1 milhão); América Latina (150 mil entre Cuba, Nicarágua e Peru); movimento comunista internacional e partidos comunistas no poder (10 mil).

O comunismo fabricou três dos maiores carniceiros

da espécie humana - Lênin, Stálin e Mao Tse-tung. Lênin foi o iniciador do terror soviético. Enquanto os czares russos em quase um século (1825 a 1917) executaram 3.747 pessoas, Lênin superou esse recorde em apenas quatro meses após a revolução de outubro de 1917.

Alguns líderes do Terceiro Mundo figuram com distinção nessa galeria de assassinos. Em termos de percentagem da população, o campeão absoluto foi Pol Pot, que exterminou em 3,5 anos um quarto da população do Camboja.

Fidel Castro, por sua vez, é o campeão absoluto da "exclusão social", pois 2,2 milhões de pessoas, equivalentes a 20% da população da ilha, tiveram de fugir. Juntamente com o Vietnã, Fidel criou uma nova espécie de refugiado, o "boat people" - ou seja, os "balseros", milhares dos quais naufragaram, engordando os tubarões do Caribe.

A vasta maioria dos países comunistas é culpada dos três crimes definidos no artigo 6° do Estatuto de Nuremberg: crimes contra a paz, crimes de guerra e crimes contra a humanidade.[44]

Como podemos ver o regime militar brasileiro impediu que o Brasil entrasse para esta lista de

---

[44]   Roberto Campos, "Artigos e Entrevistas de Roberto Campos," Pensadores Brasileiros, October 19, 2001, accessed May 20, 2014, http://home.comcast.net/~pensadoresbrasileiros/RobertoCampos/o_livro_negro_do_comunismo.htm.

países estraçalhados pelo regime comunista. Em 1998 estive no Camboja, viajei pela capital e também pelo norte do país, visitei o terrível "Killing Field", conversei com o povo, ouvi suas histórias, é impressionante as marcas deixadas pelo comunismo no país e nas pessoas, saí do Camboja enojado com o comunismo.

Imagino que irão amaldiçoar todas as minhas gerações por dizer isto, mas graças ao golpe militar de 1964, que infelizmente causou a morte de 379 vidas preciosíssimas, que nos livrou de talvez o maior massacre da América Latina.

Quando hoje vemos pessoas apoiando o Partido dos Trabalhadores, O Partido Comunista do Brasil e todos os outros de ideologia comunista fico a me perguntar que desgraça de amnésia deu neste povo, ou é uma estupidez sem precedentes ou é uma nova tentativa de fazer hoje no Brasil o que não conseguiram em 1964.

O Fórum de São Paulo, aquele conluio de lunáticos, muitos cheiradores de coca e fumadores de maconha, é uma prova das intenções maquiavélicas do lulismo para o Brasil. Muitas mães que hoje louvam ao Lula e recebem deste governo petista as míseras bolsas famílias para comprar leite e pão para seus filhos, se elegerem este mesmo governo correm o risco de chorar ao ver os corpos de seus filhos serem jogados em vala comum quando este governo comunista mostrar suas garras. Estou exagerando? Por que acha isto? Não conhece a história? Por que acha que o Brasil é melhor que os países mencionados acima? É preciso acordar, antes que seja tarde demais.

Um país refém do sistema financeiro

Nosso pessimismo inclui também a relação do governo brasileiro com o sistema financeiro implantado no Brasil, digo implantado, pois o número de bancos estrangeiros que se estabelecem no país segue aumentando. O aumento neste setor foi de 35%, em dezembro de 2011, para 36% em junho de 2012. Atualmente, no Brasil, existem 213 bancos sob controle total ou parcial de instituições estrangeiras, de 23 nacionalidades. O que não é uma notícia totalmente pessimista, mas o que existe no Brasil neste setor que atrai tanto investimento?

Facilidade por parte do governo que precisa de investimento interno e também de credores que possam financiar a dívida publica interna brasileira. A dívida interna é a parte da dívida pública que representa o somatório dos débitos, resultantes de empréstimos e financiamentos contraídos pelo governo brasileiro, com entidades financeiras. A dívida interna do Brasil é de R$ 2,02 trilhões, um crescimento de 5,84% relativo ao ano anterior. Os juros da dívida interna brasileira é o 3º maior do mundo. O Brasil é portando, a galinha dos ovos de ouro destas empresas financeiras. Enquanto bancos no mundo inteiro foram a falência, no Brasil os bancos batem recordes de lucros com valores exorbitantes.

E como se não bastasse sugar o estado, os bancos sugam também o cidadão com juros e taxas abusivas. O problema é que o brasileiro gosta de pagar juros, é a impressão que tenho. Atualmente existem mais de 700 milhões de cartões de crédito no Brasil, um número absurdo que seria aproximadamente três cartões por habitantes. Em 2013 foram mais de 2.2 bilhões de transações efetuadas com cartão. Movimentando cerca de R$ 800 bilhões em

2013, o valor cresceu pelo menos 276% em apenas sete anos, na era PT.

Quando este governo petista diz que um determinado número de pessoas mudaram de classe, ou seja, subiram na vida, para o governo significa não que essas pessoas passaram a ter recursos nas mãos, mas passaram a ter facilidade de acesso ao crédito, e consequentemente ao endividamento, 64% das famílias brasileiras estão endividadas.

O juro para pessoa física no Brasil é altíssimo, chegando o crédito rotativo a ultrapassar a 450% ao ano dependendo da operadora. Em lugar algum do mundo os bancos conseguem lucrar tanto como no Brasil. Tudo isto, através do facilitismo do estado. Cito abaixo parte de um capítulo do meu livro Justiça e que pode nos ajudar a perceber um pouco melhor a relação da economia e da justiça na sociedade:

A economia dos nossos dias está cada vez mais injusta, pois perdeu sua essência principal, ou melhor, perdeu seu rumo. A economia surgiu como uma proposta de administrar bem o lar e a sociedade, para que nada faltasse e não houvesse excessos de coisas que pudessem estragar. No entanto, hoje a economia tomou rumos que excluíram o equilíbrio entre a falta e o excesso. A economia da sociedade moderna posiciona-se em um dos dois extremos: os que têm menos são cada vez mais explorados e os que têm muito exploram cada vez mais. Não há uma boa gestão econômica com a finalidade da igualdade.

Mesmo na família, temos lares nos quais os excessos chegam a ser uma afronta aos que vivem na pobreza. Alimentos, roupas e toda sorte de bens são desperdiçados de forma assustadora. A Organização das Nações Unidas para Agricultura e Alimentação (FAO, sigla em inglês) estima que, anualmente, sejam desperdiçadas, no Brasil, 26 milhões de toneladas de alimentos. É preciso uma mudança urgente, não podemos pensar em justiça sem incluir uma mudança radical nas nossas atitudes. A solução para esse drama do desperdício está em consumir menos e doar mais aos que precisam.

O mercado de trabalho também é responsável pela injustiça econômica, pois pessoas com deficiências físicas, anões, idosos, negros, mulheres, imigrantes, entre outras, são, muitas vezes, excluídas pelas empresas ou pelos empregadores, sendo privadas das condições dignas que um trabalho oferece. Aos olhos da economia moderna, o imigrante torna-se um problema por competir pelos empregos com os cidadãos de um determinado país.

O problema não se concentra apenas na exclusão, mas também na exploração dos trabalhadores. O grande número de horas trabalhadas, com uma alta exigência de produção, baixos salários e poucas condições de vida, tem destruído a dignidade humana.

É inadmissível uma sociedade em que um indivíduo que trabalha um mês inteiro, ao final dele, com seu salário, não consiga adquirir as coisas básicas para sua família. É inaceitável que os lucros das empresas sejam exorbitantes e que seus funcionários tenham pouca ou nenhuma participação neles. Os sistemas bancários também são extremamente exploradores, contribuem pouco para o desenvolvimento humano, mas são a causa do endividamento e da ruína de muitas famílias. E o que dizer dos custos de coisas tão elementares para a vida, como educação, saúde, vestimenta, alimentação, moradia, e até mesmo lazer – hoje inacessível a muitas famílias no mundo? Em sua mensagem, a igreja deve repudiar esse sistema que não é justo.

A Bíblia nos mostra que Deus está interessado em um sistema econômico e de desenvolvimento que seja justo e humano. Darrow Miller escreveu que "Deus começa a História plantando um jardim e a termina construindo uma cidade" (1999, p. 220). Não defendemos uma justiça econômica baseada na igualdade de recursos entre os homens, pois sabemos que isso seria impossível de alcançar aqui na Terra e que poderia levar a outras injustiças. Veja o que disse Paulo: "Se alguém não quiser trabalhar, também não coma" (2Ts 3.10). O esforço e o empreendimento de cada indivíduo e de cada sociedade devem ser considerados. Como bem escreveu David A. Noebel: "Justiça não se baseia na igualdade de recursos, mas na igualdade de oportunidades" (2001, p. 293). É necessário que exista oportunidade igual para todos e, dentro destas oportunidades, que cada pessoa seja livre para desenvolver suas habilidades e esforços, para seu desenvolvimento econômico.

Toda criança deve ter acesso a escola, todo jovem deve ter acesso a faculdade, todo homem deve ter acesso ao trabalho, toda família deve ter acesso a casa, comida, vestimenta e saúde – e, a partir dessa base de igualdade, a sociedade deve desenvolver sua economia. Noebel conclui: "E igualdade de oportunidade não significa que todas as pessoas devem começar com as mesmas capacidades e contatos sociais, mas que ninguém será proibido por lei de conseguir alguma coisa legitimamente moral no mercado de oportunidades" (2001, p. 293).

Nossa proclamação deve incluir a integração, a inclusão e a igualdade econômica. Leonardo Boff declarou:

"Em todos os problemas radicalmente humanos e sociais que trabalha um sonho infinito, se faz presente uma exigência última de vida para todos, justiça para todos, a começar pelos últimos, de inclusão de todos e de comunhão com tudo e com todos. Em outras palavras, há sempre uma questão teológica que tem a ver com o Supremo e o Decisivo de nossa história. É a emergência do mistério da Trindade no qual as três Pessoas, por causa do recíproco amor, convergem para ser um único Deus vivo e doador de vida (2004, p. 110)."

Há uma necessidade de justiça. Quando olhamos ao redor, vemos todo tipo de sofrimento e clamor e não podemos simplesmente virar o rosto de nossa responsabilidade de proclamar o evangelho de Cristo, que é o evangelho da justiça.[45]

---

[45] Luis Alexandre Ribeiro Branco, Justiça: Uma Perspectiva Bíblica (Portuguese Edition) (Lisbon: CreateSpace Independent Publishing Platform, 2010), 43-47.

Behaviorismo

O behaviorismo é a designação de comportamentalismo que postulam um comportamento como o mais adequado para a sociedade, ainda que contrariando a maioria. E optei por usar este termo para deixar claro que nem todo aquele que é homossexual é um behaviorista. No Brasil o behaviorismo é encabeçado por organizações homoafetivas e por políticos ligados e eleitos por estas organizações. No entanto, seria um erro generalizar e dizer que todo homosexual reage desta forma ou que procura impor seus valores sobre a sociedade.

Quando o deputado evangélico Marcos Feliciano começou a falar demasiadamente, e asneiras por sinal, houve uma campanha entre os evangélicos, que inclusive inspirou líderes de denominações sérias e históricas a escreverem documentos em se dizia: "Marcos Feliciano não nos representa." O que precisa ser visto pela comunidade homossexual como uma clara evidência de que não há uma política generaliza de rejeição e confronto entre os evangélicos no que diz respeito aos homossexuais.

No entanto, não lembro-me de jamais ter visto uma campanha entre os homossexuais condenado e afastando-se de comportamento como os do deputado Jean Wyllys, Toni Reis, entre outros, que abertamente atacam aqueles que pensam diferentes deles. Quão lastimável foi um dos últimos episódios em Brasília, no dia 22 de Abril de 2014, quando um grupo de homossexuais gritaram na Câmara dos Deputados que: "todos os evangélicos deveriam ser queimados vivos em uma fogueira no

Brasil."[46] O referido grupo foi autuado pela Polícia Legislativa.

Independente de concordarmos ou não, o foto é que a homossexualidade é uma prática muito antiga e sempre presente na sociedade. Em algumas sociedades existiu uma abertura maior e noutras poucas ou nenhuma abertura para este comportamento. Acredito que a sociedade deve ser uma sociedade de tolerância com as diversidades de comportamentos desde que estes não coloquem em risco nem a sociedade. Inclusive garantindo os direitos constitucionais de todos aqueles que compõem a sociedade, buscando mecanismos e boa vontade para que todos tenham seus direitos preservados sem o prejuízo de outrem.

---

[46] Tiago Chagas, "Ativistas Pró-Identidade de Gênero Pregam Morte Na Fogueira Para Evangélicos Durante Votação Do Pne; Pastora Damares Alves Foi Agredida," GNotícias, April 24, 2014, accessed May 21, 2014, http://noticias.gospelmais.com.br/pne-ativistas-pro-identidade-genero-pregam-morte-evangelicos-67126.html.

No entanto, o que presenciamos no Brasil é a imposição de comportamentos. Os behavioristas são experts em fazerem-se de vitimas, comparam-se com outros grupos que de fato sofrem alguma discriminação, para sensibilizar o povo, apático e de mente curta, para conseguirem seus objetivos. E se não acordarmos a tempo, em breve o Brasil será um "offshore gayzista" onde o diferente é ser normal e deverá ser punido por isto.

Conclusão

Chego ao fim deste ensaio sabendo que não esgotei meu péssimo, mas acredito que já valeu o desabafo. No entanto não termino com um suspiro profundo e um sentar desanimado como o que talvez alguns esperavam ou imaginavam. Termino como quem foi inspirado pela realidade pessimista a buscar caminhos que possam nos conduzir como nação ao porto seguro que todos nós sonhamos e desejamos. Um Brasil melhor para todos. Concluo esta obra como quem acredita no Brasil. Eis o país em que acredito:

> Acredito no Brasil histórico, isolado do mundo habitado por milhões de índios, verdadeiros guardiões das florestas e rios de água límpida que cobriam toda a extensão de terra deste país.
>
> Acredito no Brasil histórico invadido pelo homem branco, cheio de religiosidade na alma e perversidade no coração que chegou para se apropriar, expulsar e escravizar os verdadeiros donos desta terra.

Acredito no Brasil histórico que sempre foi corrupto e explorador dos mais pobres desde a Monarquia à República.

Acredito no Brasil histórico explorador dos negros arrancados de suas terras para servirem nas roças do homem branco sob o poder dos chicotes, e nas mulheres negras e índias abusadas sexualmente para que hoje existisse um Brasil de diversas cores.

Acredito no Brasil atual onde pobre sempre foi enganado com promessas mentirosas pela classe política, que tem seu voto comprado através de sacos de comida, sacos de cimento, tijolos e mesmo um asfalto na sua rua. Criando-se um vício político de manutenção eleitoral até ser institucionalizado pelo Governo em seus programas assistencialistas.

Acredito no Brasil atual onde milhões de cidadãos continuam analfabetos e crianças fora das escolas, e nas escolas de má qualidade com professores mal preparados e sem incentivo para melhorar a educação do país e nos milhares de jovens que se formam a cada ano com uma educação de quinta categoria enquanto rios de dinheiro são desviados dos cofres públicos.

Acredito no Brasil atual que não investe em ciências e pesquisas, sendo um dos países do mundo com o menor percentual de mestres e doutores, no país que se orgulha em exportar grãos e tem a vergonha de importar tecnologia, pois temos um ministério da educação que nunca pensou na educação continuada e na especialização dos profissionais brasileiros, não por falta de recursos mais de boa vontade.

Acredito no Brasil atual vítima da violência urbana que dízima milhares de vidas todos os anos tornando-se o país com o maior número de mortes por armas de fogo do mundo, e na incapacidade da polícia, que mal treinada e equipada compete com o crime organizado na perpetração de atos de violência e espoliação da sociedade, e nos milhares de pais e mães que hoje choram a morte de seus filhos vítimas das balas perdidas de criminosos e policiais.

Acredito no Brasil do futuro que irá romper com mal e chacoalhar o jugo dos opressores demovendo-os do poder fazendo uma limpeza ética em todos os níveis de governo e um dia, em todos os sectores públicos fazendo do Brasil uma nação justa.

Acredito no Brasil do futuro que investirá na educação de ponta, desde a base até à especialização de seus profissionais, criando escolas e universidades inovadoras que resultará no avanço da ciência e tecnologia no país.

Acredito no Brasil do futuro que utilizará bem suas riquezas para a extinção da pobreza, num país de impostos justos e bem empregados na melhoria do país, e na criação de novas empresas que irão gerar mais empregos, num país onde há oportunidades para todos.

Acredito no Brasil do futuro reconhecido pela sua liberdade, onde o direito à fé, à orientação sexual, à ideologia política, à liberdade de expressão sejam garantias irrevogáveis do cidadão comum, numa mídia livre e comprometida com à verdade.[47]

---

[47] Ibid., 47-50.

Autor

Casado há 13 anos e pai de duas lindas meninas, nasci na cidade de Petrópolis, RJ, Brasil, em Janeiro de 1974. Sou licenciado em Estudos Bíblicos e Teologia (BA), Mestre em Administração de Eclesiástica e Liderança (MA), possuo o Grau de Doutor em Ministério (D.Min.) e actualmente sou doutorando em filosofia. Meus trabalhos inclui servir como um pastor local e professor no Seminário Teológico Baptista, em Queluz, Portugal. Sou membro da Society of Christian Philosophers, membro da Sociedade Brasileira dos Poetas Aldravianistas, membro do Movimiento Poetas Del Mundo, membro da União Brasileira de Escritores, membro da Academia de Letras e Artes de Portugal, membro da Academia de Letras e Artes Lusófonas e filiados com a Junta Administrativa de Missões Convenção Batista Nacional. Tendo trabalhado em vários países, deu-me uma importante experiência transcultural. Minha teologia é reformado e como poeta, tenho um estilo melancólico seguindo o padrão dos ultra-românticos do século XIX, sou humanista caracterizado pela idéia de que o homem so consegue a sua verdadeira essência do conhecimento de Deus. Vivo em Lisboa, com a minha família e possuo obras publicadas nas áreas de espiritualidade, teologia, filosofia e antologia.

www.ingramcontent.com/pod-product-compliance
Lightning Source LLC
Chambersburg PA
CBHW032111040426
42337CB00040B/200